POLYGLOTT on tour

Seychellen

W0066048

Die Autoren
Martin und Lore Guderjahn
sind seit vielen Jahren als freie Journalisten und Fotografen für eine Reihe von Tageszeitungen und Zeitschriften tätig sowie als Verfasser von Reiseführern über Inseln im Indischen Ozean.

Dr. Thomas J. Kinne
kennt die Seychellen von zahlreichen Aufenthalten und beschäftigt sich auch beruflich intensiv mit den Tropeninseln. Dieser Band wurde von ihm grundlegend überarbeitet und erweitert.

Das System der POLYGLOTT Sterne

Auf Ihrer Reise weisen Ihnen die Polyglott-Sterne den Weg zu den bedeutendsten Sehenswürdigkeiten aus Natur und Kultur. Für die Vergabe orientieren sich Autoren und Redaktion am UNESCO-Welterbe.
*** eine Reise wert   ** einen Umweg wert   * sehr sehenswert

Unsere Preissymbole bedeuten:

Hotel (pro Zimmer)		Restaurant (Hauptgericht)	
●●●	über 200 €	●●●	über 30 €
●●	100 bis 200 €	●●	15 bis 30 €
●	bis 100 €	●	unter 15 €

2

 POLYGLOTT **Top 12** .... Umschlag vorne

Reiseplanung

Land & Leute

Unterwegs auf den Seychellen ▮▮▮▮

Mahé

Die Inselwelt der Seychellen ganz kompakt: Auf der Hauptinsel findet man Abwechslung, Unterhaltung, Strand, Berge und 90 % der Bevölkerung – aber auch ruhige Fleckchen, vor allem im Süden und auf vorgelagerten Inselchen. Die Palette der Unterkünfte reicht von ganz einfach bis äußerst luxuriös.

Praslin

Das Naturwunder Coco de Mer im UNESCO-Weltnaturerbe Vallée de Mai macht die zweitgrößte Seychelleninsel zum Muss. Auch Wanderfreunde, Golfer und sogar Glücksspieler kommen auf ihre Kosten. Die langen Sandstrände und kleinen Badebuchten sind besonders familienfreundlich.

La Digue 113

Bilder der Anse Source d'Argent auf La Digue haben das Image
der Seychellen geprägt. Weniger Luxus, dafür mehr Gelassenheit
findet man hier: Autos sind rar, Fahrräder das bevorzugte Fort-
bewegungsmittel der Touristen. Unternehmungslustige umrunden die Insel oder besteigen den Inselberg.

La Passe][La Réunion][La Digue Vev Special
Reserve][Our Lady of Assumption][L'Union
Estate][Anse Source d'Argent][Anse Sévère][
Anse Patates][Grand' Anse][Petite Anse][
Anse Cocos][Félicité

Hotelinseln 122

Eine Insel – ein Hotel: Luxus rundum, meist mehr Personal als
Gäste und mehr (friedliche) Tiere als Menschen. Die Inseln sind
höchstens eine Flugstunde von der Hauptinsel entfernt, gefühlt
liegen Welten dazwischen. An Komfort und Sportmöglichkeiten
fehlt es nicht, aber man muss Einsamkeit mögen.

Silhouette][Frégate][North][Bird][Denis

Desroches][Alphonse

Echt gut!

Karten

Reiseplanung

Die Reiseregionen][Die schönsten
Touren][Klima und Reisezeit][Anreise][
Reisen im Land][Unterwegs mit Kindern][
Sport und Aktivitäten][Unterkunft

Die Reiseregionen im Überblick

Die bizarren, von Wind und Wasser glatt geschliffenen Granitfelsen, das Standardmotiv unzähliger Seychellenfotos und eine Hauptattraktion des Landes, sind auch ein erster Hinweis auf die Einzigartigkeit der Kerninselgruppe dieses Archipels: Im Unterschied zu vielen anderen Inseln des Indischen Ozeans ist sie weder korallenen noch vulkanischen Ursprungs, sondern Überbleibsel der Kontinentaldrift, als sich der Indische Subkontinent vor über 100 Millionen Jahren von der Afrikanischen Platte löste.

Rund 4° südlich des Äquators bilden diese Felsbrocken heute das nordöstliche Ende der Seychellen, die **Inneren Inseln** *(Inner Islands)*. Zu ihnen zählen **Mahé, Praslin, Curieuse, Aride, La Digue, Silhouette, Frégate, North** und gut dreißig kleinere Inseln. Sie alle erheben sich von einem Unterwassersockel, der kaum mehr als 30 m unter dem Meer liegt. Allein aufgrund ihrer Lage werden auch **Bird** und **Denis** zu dieser Gruppe gerechnet, wenngleich sie – wie die Äußeren Inseln – ohne Felsgrundlage sind.

Da es sich bei den Granitinseln also im Grunde um die Bergspitzen einer überfluteten größeren Insel handelt, besitzen sie eine ausgeprägte Topografie mit Höhen bis zu 900 m über dem heutigen Meeresspiegel, aber kaum Flachland. Dadurch eignen sich diese Inseln auch für ambitionierte Bergwanderer, die landschaftliche Abwechslung und eine einzigartige Flora und Fauna suchen. Außer der Sonne drohen keine Gefahren – weder durch Tiere noch durch Pflanzen. Die ausreichend mit Niederschlag versorgten Eilande besitzen alle eine dichte Vegetation, meistens tropischen Wald, den Kokosplantagen und kleine landwirtschaftliche Flächen unterbrechen. Aus biologischer Sicht besonders interessant ist das Vallée de Mai auf Praslin, neben dem Aldabra-Atoll eine der beiden UNESCO-Weltnaturerbestätten auf den Seychellen. Hier findet man das Symbol des Landes, die einzigartige Seychellennuss, in freier Natur. Überall, wo Bäche ins Meer münden, sind größere und kleinere Sandbuchten entstanden, die sich malerisch zwischen die Granitfelsen schmiegen. In geologisch viel jüngerer Zeit entstanden vorgelagerte Korallenriffe und Lagunen.

Farbenprächtige Korallenriffe

Schroff ragt die kleine Insel North aus dem Indischen Ozean auf

Mit zwei Ausnahmen ❯ S. 133 sind alle Hotels der Seychellen auf insgesamt vierzehn der rund vierzig Inneren Inseln zu finden, und nur auf den Hauptinseln Mahé, Praslin und La Digue sowie dem winzigen Eiland Cerf gibt es mehr als ein Hotel. Die drei großen Inseln verfügen auch als einzige über eine nennenswerte Infrastruktur, und ein Drittel der Gesamtbevölkerung lebt ohnehin auf Mahé in und um die Hauptstadt Victoria. Abgesehen von einigen Diskotheken und einem Kino konzentriert sich das touristische Unterhaltungsangebot auf die nähere Umgebung der Hotels und wird auch von Einheimischen genutzt. Touristische Zentren sind die Beau Vallon Bay im Nordwesten von Mahé und die Anse Volbert im Nordosten von Praslin. Die viel attraktiveren kleinen Strände sind leicht erreichbar, aber niemals überlaufen. Die als Foto- und Werbemotiv der Seychellen bekannten riesigen runden Granitfelsen findet man hauptsächlich auf La Digue, das längst kein Geheimtipp mehr ist und vor allem tagsüber oft von Kreuzfahrttouristen überschwemmt wird.

Neben luxuriösen und entsprechend teuren Hotels gibt es auf den drei Hauptinseln ein breites Angebot an Familienpensionen mit wenigen Zimmern und dafür mit Familienanschluss. Auch Ferienhäuser für Selbstversorger sind in ausreichender Anzahl vorhanden.

Die **Äußeren Inseln** *(Zil Elwannyen, Outer Islands)* schließen sich wie der Schweif eines Kometen in südwestlicher Richtung an den Kern um Mahé an. Sie entstanden erst lange nach den Granitinseln aus dem Kalk abgestorbener Korallen. Die meisten der siebzig Eilande sind

Alphonse Island Resort

nichts weiter als von Wind und Wellen zusammengefegte Sandhaufen, die nur wenige Meter über den Meeresspiegel hinausragen.

Zu Beginn des 20. Jhs., als die Gewinnung von Kopra noch eine Hauptrolle in der Wirtschaft spielte, wurden viele der Äußeren Inseln mit Kokospalmen bepflanzt. Inzwischen sind die Plantagen weitgehend wegen Unrentabilität aufgegeben worden. Bei der staatlichen, für die Inseln zuständigen Island Development Company macht man sich inzwischen Gedanken über eine anderweitige ökonomische Nutzung. Da wurden Ölprobebohrungen durchgeführt, andere Wirtschaftszweige wie z.B. Garnelenzucht ausprobiert und natürlich auch Pläne für eine touristische Erschließung gewälzt, aber bisher ist nichts Durchgreifendes geschehen. So schlummern die Äußeren Inseln, zum Teil verlassen oder nur von einer Handvoll Leuten bewohnt, vor sich hin. Nur auf Alphonse und Desroches findet man jeweils eine Hotelanlage.

Die wichtigsten Äußeren Inseln

- **Plate** (140 km südlich von Mahé)
- die **Amiranten** mit der Hauptinsel **Desroches** (eine Gruppe von zwei Dutzend Inseln, ca. 230 km südwestlich von Mahé)
Coëtivy (280 km südlich von Mahé, Landepiste, Landwirtschaft, Garnelen- und Langustenzucht)
- **Alphonse** (3 Inseln, 410 km südwestlich von Mahé, Landepiste)
- **Providence** (Atoll, 3 Inseln, 720 km südwestlich von Mahé)
- **Farquhar** (Atoll mit 9 Inseln um eine weite Lagune, 760 km südwestlich von Mahé, südlichster Punkt der Seychellen)
- **Astove** (1050 km südwestlich von Mahé)
- **Cosmoledo** (Atoll mit 11 Inseln, 1050 km südwestlich von Mahé)
- **Assumption** (1160 km südwestlich von Mahé, Landepiste) und schließlich
- das Atoll **Aldabra** (1160 km südwestlich von Mahé), das ebenfalls zum UNESCO-Weltnaturerbe zählt, aber aufgrund seiner großen Entfernung zu den Hauptinseln nur mit einigem Aufwand zu erreichen ist.

Die schönsten Touren

Drei Inseln in zwei Wochen

—①— Mahé › Praslin › La Digue › Mahé

Dauer:

Insgesamt 14 Tage; Transferzeiten: **Mahé › Praslin** 45 Min. Überfahrt mit der Fähre; **Praslin › La Digue** 15 Min. Überfahrt mit der Fähre; **La Digue › Mahé** 20 Min. Hubschrauberflug

Verkehrsmittel:

Es verkehren Schnellfähren von Mahé nach Praslin (2- bis 3-mal tgl., Inter Island Boats, Reservierung einige Tage vorab › S. 21) und von Praslin nach La Digue (7-mal tgl. Inter Island Ferry, Reservierung am Vortag › S. 21). Hubschrauber von Zil Air fliegen von La Digue nach Mahé (auf Anfrage vorab › S. 20). Zur Fortbewegung auf den Inseln bieten sich Mietautos auf Mahé und Praslin und Fahrräder auf La Digue an.

Angesichts der geringen Größe der Inseln ist es nicht sinnvoll, dass Sie auf jeder Insel mehrere Quartiere beziehen. Buchen Sie deshalb eine Unterkunft an beliebiger Stelle auf jeder der drei Inseln und fahren Sie von dort aus zur jeweiligen Tagesetappe der nachfolgend beschriebenen Inselrundfahrten.

Geht man davon aus, dass Sie auf **Mahé › S. 62** an der beliebten, viel besuchten und hinsichtlich ihres Freizeitangebots abwechslungsreichen ***Beau Vallon Bay › S. 79** Ihr Hotel gebucht haben, dann können Sie gleich am ersten Tag in Ruhe die nähere Umgebung erkunden, sich mit dem Umfeld Ihres Hotels vertraut machen und sich am Strand, der auch viel Schatten bietet, vorsichtig an die Tropensonne gewöhnen. Am nächsten Tag sind Sie dann bereit für Ihre erste Erkundungsfahrt mit dem Pkw. Fahren Sie gleich nach dem Frühstück los, umrunden Sie die **Nordhalbinsel › S. 82** von Mahé, parken Sie in **Victoria › S. 70** und schauen Sie sich bei einem gemütlichen Stadtbummel die Hauptstadt der Seychellen an. Es wird Ihnen danach noch genügend Zeit für einen Nachmittag am Strand bleiben. Der dritte Tag führt Sie von Victoria aus über die ****Sans Souci Road › S. 84** an die Westküste. Biegen Sie hier in **Port Glaud › S. 85** nach rechts ab und folgen Sie der Straße bis ans Ende an der **Baie Ternay › S. 86**, wo Sie den Nachmittag mit Baden und

Die Anse Takamaka an der Westküste von Mahé

Schnorcheln verbringen können. Am vierten Tag nehmen Sie an der Abzweigung in Port Glaud nun den anderen Weg entlang der Küste, indem Sie nach links abbiegen. Genießen Sie zuerst die Küstenstraße mit ihren reizvollen Ausblicken und anschließend den Nachmittag an der herrlich abgelegenen **Anse Soleil** › S. 88. Am fünften Tag setzen Sie Ihre Reise entlang der Westküste zunächst fort, vorbei an der **Baie Lazare** › S. 89 bis zur **Anse Takamaka** › S. 90. Hier biegen Sie ins Landesinnere ab und machen einen Abstecher zur berühmten **Anse Intendance** › S. 90. Anschließend geht es an der Ostküste entlang wieder in Richtung Norden bis zur **Anse Royale** › S. 92. Einen schönen Abschluss des Tages bildet ein Besuch des *****Jardin du Roi** › S. 92, der bis 17.30 Uhr geöffnet ist. Tag sechs beginnt mit der Besichtigung der *****Domaine de Val des Près** › S. 92, einem historischem Kolonialanwesen mit angeschlossenem Kunsthandwerkerdorf. Anschließend fahren Sie zurück nach **Victoria** bzw. **Beau Vallon.**

Am siebten Tag setzen Sie mit der Schnellfähre »Isle of Praslin« nach **Praslin** › S. 94 über. Am besten nehmen Sie die früheste Fähre – an manchen Wochentagen legt diese bereits um 7 Uhr oder 7.30 Uhr ab. Auf Praslin angekommen, fahren Sie mit dem Taxi oder Mietwagen zu Ihrem Hotel, das vermutlich an der Nordostküste liegt. Verbringen Sie den Rest des Tages am weitläufigen Strand der *****Anse Volbert** › S. 101. Am achten Tag Ihrer Reise erkunden Sie den Norden Praslins bis zur bekannten und beliebten ******Anse Lazio** › S. 101. Hier können Sie auch zu Mittag essen und den Nachmittag am Strand verbringen. Am neunten Tag fahren Sie in die andere Richtung: zur **Baie Ste. Anne** › S. 104

und ins berühmte *****Vallée de Mai** ⟩ S. 105. Tag zehn ist der **Südwest-küste** ⟩ S. 107 vorbehalten: Die Fahrt führt über die Baie Ste. Anne von der **Anse Marie-Louise** ⟩ S. 107 bis hinauf zur **Anse Kerlan** ⟩ S. 112.

Ein erneuter Inselwechsel steht am elften Tag an. Diesmal müssen Sie nicht ganz so früh aufstehen – es muss nicht unbedingt die 7-Uhr-Fähre sein. Fahren Sie nach dem Frühstück und dem Auschecken aus dem Hotel zur Baie Ste. Anne und nehmen Sie die 9-Uhr-Fähre nach ****La Digue** ⟩ S. 113. Nach Beziehen Ihres Urlaubsdomizils können Sie per pedes oder Leihfahrrad die Umgebung erkunden. Am nächsten Tag geht es in den Norden der Insel, zur **Anse Sévère** ⟩ S. 120 und, je nach Lust und Laune, auch weiter um die Nordspitze. Möglich ist auch eine komplette Rundwanderung ⟩ S. 114. Tag dreizehn ist für den Süden vorgesehen, genauer gesagt für **L'Union Estate** ⟩ S. 119 und den traumhaften und durch Werbeaufnahmen weltbekannten Strand an der ****Anse Source d'Argent** ⟩ S. 119 – sicherlich einer der Höhepunkte Ihres Urlaubs. Gehen Sie aber früh los oder kommen Sie am späten Nachmittag zum Sonnenuntergang noch einmal zurück, um Menschenmassen aus dem Weg zu gehen. Am nächsten Tag heißt es Abschied nehmen: Ein Hubschrauberflug mit Zil Air, den Sie einige Tage vorher reserviert haben, bringt Sie am Nachmittag vom Landeplatz auf L'Union Estate zurück nach **Mahé**. Alternativ dazu können Sie auch am nächsten Morgen die (preiswertere) Fähre nehmen.

Zwei Wochen Wandern und Baden auf Mahé und Praslin

②— Mahé ⟩ Praslin ⟩ Mahé

Dauer:

Insgesamt 14 Tage; Transferzeiten: **Mahé** ⟩ **Praslin** 45 Min. Überfahrt mit der Fähre; **Praslin** ⟩ **Mahé** 15 Min. per Flugzeug

Verkehrsmittel

Die Personen-Schnellfähre Isle of Praslin verkehrt täglich zwischen Mahé und Praslin ⟩ S. 21, Air Seychelles bietet Linienflüge mit kleinen Propellermaschinen (unbedingt vorab reservieren ⟩ S. 20). Bei rund 20 möglichen Flügen pro Tag können Sie den Zeitpunkt so wählen, dass Sie etwa 2 bis 3 Stunden vor Ihrem Heimflug auf Mahé landen, um ein reibungsloses Umsteigen am Flughafen ohne unnötige Wartezeiten zu gewährleisten. Für individuelle Erkundungen empfehlen sich auf beiden Inseln Mietwagen.

Farbenspiel an der von Berghängen gesäumten Beau Vallon Bay auf Mahé

Auch bei dieser Tour ist auf **Mahé** ❯ S. 62 der Ausgangspunkt ***Beau Vallon Bay** ❯ S. 79, wo der erste Tag dazu dient, die nähere Umgebung kennenzulernen und sich an das Klima zu gewöhnen. Am zweiten Tag unternehmen Sie als Einstieg eine leichte und kurze Wanderung zur **Anse Major** ❯ S. 80, hier können Sie einen Teil des Tages am schönen und einsamen Strand mit Baden und Picknicken verbringen. Am dritten Tag geht es zum ersten Mal in die Berge: Zu Fuß am Ostufer der Beau Vallon Bay ein Stück an der Hauptstraße entlang (oder per Taxi) erreichen Sie den Beginn des Wanderwegs, der bei **Glacis** die **Nordhalbinsel** ❯ S. 82 überquert – ein leicht zu bewältigender Fußweg, der Sie an **La Gogue,** dem größten Trinkwasserreservoir der Insel, vorbeiführt. Auf der etwa dreistündigen Bergtour werden Sie mit schönen Ausblicken belohnt, u.a. auf die Nachbarinsel Silhouette. Der Weg endet an der Ostküste bei der **Anse Étoile** ❯ S. 82, wo Sie an der Hauptstraße entlang nach Süden wandern können, um in die Hauptstadt **Victoria** ❯ S. 70 zu gelangen. Von dort bringen Sie Bus oder Taxi zurück ins Hotel. Danach haben Sie sich einen Ruhe- und Badetag verdient, bevor Sie am fünften Tag den Aufstieg auf den **Morne Seychellois** (905 m) im gleichnamigen Nationalpark wagen. Für diese schwierige Wanderung

– ein Seychellen-Bilderbuchstrand

von 6 bis 8 Stunden Dauer sollten Sie vorab einen orts- und naturkundigen Führer ❯ S. 35 engagieren, da der Pfad leicht zu verlieren ist und außerdem einige Sicherheitsbestimmungen zu beachten sind. Zudem wird der Guide Ihnen interessante Erläuterungen zu Flora und Fauna geben können. Der Beginn des Weges liegt an der Passhöhe der ****Sans Souci Road** ❯ S. 84. Eine ungetrübte Aussicht ist nicht immer garantiert, da sich der Gipfel häufig in Wolken hüllt. Am sechsten Tag geht es entspannter weiter: vormittags mit der Besteigung des **Morne Blanc** (667 m) ❯ S. 85, einer mittelschweren Wanderung von zwei Stunden, und anschließender Besichtigung der **Mission Lodge** ❯ S. 84, ebenfalls an der Sans Souci Road. Der Weg beginnt oberhalb der **Tea Factory** ❯ S. 84, wo Sie nach Ende der Wanderung in der »Tea Tavern« einkehren können. Den nächsten Tag verbringen Sie entspannt in den Buchten der Nationalparks **Baie Ternay** und **Port Launay** ❯ S. 86 im Nordwesten. Dann sind Sie am folgenden Tag fit für eine komplette Inselüberquerung im Süden: Die Wanderung von der **Anse à la Mouche** ❯ S. 87 im Westen zur **Anse Royale** ❯ S. 92 im Osten führt über öffentliche Wege und ist leicht in höchstens 4 Stunden zu bewältigen. An Tag neun können Sie zur **Montagne Brûlée** ❯ S. 69 aufsteigen und anschließend in der ***Domaine de Val des Près** ❯ S. 92 ein paar Andenken kaufen.

Am zehnten Tag setzen Sie mit der »Isle of Praslin« frühmorgens von Mahé nach **Praslin** ❯ S. 94 über und verbringen den Rest des Tages in der Nähe Ihres Hotels an der ***Anse Volbert** ❯ S. 101. An den drei folgenden Tagen erwandern Sie die Insel in drei Tagesabschnitten: von der Anse Volbert zur **Baie Ste. Anne** ❯ S. 104 (Tag 11), von dort dann durch das *****Vallée de Mai** ❯ S. 105 (Tag 12) und am letzten, dem 13. Tag an der Westküste bis zur **Anse Kerlan** ❯ S. 112. Unterwegs statten Sie der **Black Pearl Ocean Farm** ❯ S. 108 noch einen Besuch ab und nehmen vielleicht ein kostbares Souvenir von Praslin mit. Von der Westküste aus geht es am letzten Tag per Flugzeug zurück nach **Mahé**.

Große Kreuzfahrt zu den Äußeren Inseln

—③— Mahé ❯ Amiranten-Gruppe ❯ Alphonse-Gruppe ❯ Farquhar-Gruppe ❯ Aldabra-Gruppe

Länge:
Mindestens 14 Tage; ca. 1250 km (einfache Strecke)

Verkehrsmittel:
Es gibt zwei Möglichkeiten, die weit entlegenen Äußeren Inseln der Seychellen zu erreichen: auf Kreuzfahrten mit festem Fahrplan oder mit privaten bzw. gecharterten Jachten. Ganz allein sollte man sich auf dieses Abenteuer nicht einlassen – ein ortskundiger Skipper oder Lotse sind sehr zu empfehlen. Bei einer Kreuzfahrt zu den Äußeren Inseln bestehen wieder zwei Optionen: im Rahmen einer großen Kreuzfahrt durch den Indischen Ozean mit Landgängen, oder von Mahé nach Aldabra bzw. in Gegenrichtung auf einer kleinen Kreuzfahrt, z.B. mit mit den Expeditionsschiffen Indian Ocean Explorer oder Maya's Dugong. Die Reise in der jeweiligen Gegenrichtung wird per Flugzeug zurückgelegt (ab/bis Assumption). Abhängig von der aktuellen Sicherheitslage (Piraterie) kann es sein, dass diese Kreuzfahrten nicht jederzeit angeboten werden ❯ S. 21.

Die Fahrt nach Aldabra beginnt auf **Mahé** ❯ S. 62 mit einem Orientierungstauchen. Am zweiten Tag wird die Insel **Desroches** ❯ S. 133 in den Amiranten besucht, ein Paradies für Angler und Taucher. Tags darauf erreicht das Schiff die Alphonse-Gruppe mit der nahezu dreieckigen Hauptinsel **Alphonse** ❯ S. 134 mit ihrer großen Lagune (Tag 3) sowie den kleineren Inseln **Bijoutier** (0,7 ha), einem runden Inseljuwel, wo Fregattvögel, Schildkröten und Krabben fast völlig ungestört leben, und **St. François** (17 ha), einer V-förmigen, relativ jungen Riffinsel (Tag 4).

Nach langer Fahrt über das offene Meer in Richtung Südsüdwest ist das Ziel am fünften Tag **Saint Pierre** in der Farquhar-Gruppe, 700 km von Mahé entfernt. Anschließend geht es weiter in Richtung Westen nach **Cosmolédo**, einem Atoll aus neun Hauptinseln, die einen Ring um eine 16 km lange und bis zu 11 km breite Lagune bilden. Eine der Inseln ist **Menai**, wo das Schiff nachts vor Anker geht. Am achten und neunten Tag steht **Astove** auf dem Programm, ein beliebter Eiablageplatz von Meeresschildkröten mit ausgezeichnetem Revier für erfahrene Taucher. Am zehnten Tag erreicht das Schiff schließlich **★★★Aldabra**

1 ***Aldabra – Heimat der Riesenlandschildkröte**

Das 34 km lange und 15 km breite Aldabra-Atoll besteht aus vier Inseln, die eine etwa 155 km² große Lagune umschließen. Aus bisher nicht völlig geklärten Ursachen wurde der Atoll-Ring vor 100 000 Jahren einige Meter über die Wasseroberfläche gehoben. Auf seinem nackten, von Wind und Wasser verwitterten Kalkfelsen konnte Vegetation nur spärlich Fuß fassen. Siedlern bot dieses entlegene und unwirtliche Stück Land wenig Reiz, weshalb sich in der Vergangenheit auch kaum jemand hierher verirrte.

So blieb nicht nur ein einmaliges, weitgehend intaktes Biotop bis in unsere Zeit erhalten, sondern auch die weltgrößte Kolonie wild lebender Riesenlandschildkröten: Man schätzt ihre Zahl auf 150 000. Wegen der dürftigen Vegetation führen sie ein zwar kümmerliches, dafür aber unbehelligtes Leben. Ihre Verwandten zu Wasser, die Karett- und Suppenschildkröten, besuchen die ungestörten Strände zur Eiablage. Reich ist die Vogelwelt des Atolls: Zahllose Fregattvögel und Tölpel schätzen die Insel als ruhigen Nistplatz, ebenso wie Reiher, Flamingos, Ibisse, Seeschwalber sowie die nur hier vorkommenden Weißkehlrallen und Aldabradrongos.

Im Jahre 1971 erklärte die britische Royal Society Aldabra zum Naturschutzgebiet und errichtete auf dem westlichen Atollrand eine Forschungsstation, die 1981 die Seychelles Islands Foundation (SIF, www.sif.sc) übernahm. Eine kleine Mannschaft betreut die Station, in der den Naturwissenschaftlern Unterkünfte und Labors zur Verfügung stehen. 1982 nahm die UNESCO Aldabra in die Liste des Weltnaturerbes auf. Es war einmal geplant, Aldabra auch Touristen leichter zugänglich zu machen. Auf der 45 km entfernten Nachbarinsel Assumption wurde eine Landepiste angelegt, aber weiter ist das Vorhaben nie gediehen, und so bleibt auch weiterhin nur die Möglichkeit, Aldabra mit dem Schiff zu erreichen ❯ S. 16 und 21. Die Natur dürfte dafür dankbar sein.

Ein besonderes Reiseziel: das Aldabra-Atoll

❯ S. 17, wo man auch die beiden folgenden Tage verbringt. Am dreizehnten Tag werden die Passagiere nachts nach **Assumption** gebracht, von wo sie am Mittag zurückfliegen. Die Fahrt in der Gegenrichtung besucht dieselben Stationen in umgekehrter Reihenfolge.

An diesem Ablauf kann man sich auch bei einer privat organisierten Charter-Kreuzfahrt orientieren, die ohne die vielen Tauchgänge etwa zwei Wochen dauert. Bitte beachten Sie dazu die Hinweise ❯ S. 21.

Touren in den Regionen

Touren in der Region	Region	Dauer	Seite
Rundfahrt durch den Norden	Mahé	2 Std.	64
Rundfahrt durch den Süden	Mahé	4–6 Std.	65
Wanderung zur Anse Major	Mahé	3 Std.	66
Bergwanderung zu den Trois Frères	Mahé	1,5 Std.	68
Wanderung zur Copolia	Mahé	2 Std.	69
Wanderung zur Montagne Brûlée	Mahé	2–4 Std.	69
Fahrt über die Insel	Praslin	6 Std.	96
Salazie- und Pasquiere-Pfad	Praslin	4 Std.	96
Wanderung durch das Vallée de Mai	Praslin	2–3 Std.	98
Wanderung von der Anse Lazio zur Anse Georgette	Praslin	2,5 Std.	100
Insel-Rundwanderung	La Digue	4 Std.	114
Bergtour zum Nid d'Aigle	La Digue	2 Std.	116

Klima und Reisezeit

Die Seychellen liegen im Einfluss-
bereich der Monsun- oder Passatwinde, die dem Tropenland ein
relativ angenehmes Klima besche-
ren. Von Mai bis September we-
hen sie aus Südosten, von Dezember bis März aus Nordwesten.
Während der Umschlagzeiten im
April und Oktober/November
herrscht oft totale Windstille.
Dann wird das Klima sehr drü-
ckend, die Luftfeuchtigkeit fällt
nie unter 80 % und man weiß eine

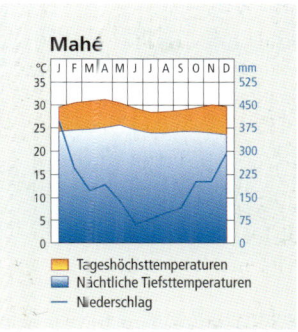

Klimaanlage im Zimmer zu schätzen. Die Umschlagperiode lässt sich
nie genau vorhersagen und kann um ein bis zwei Monate variieren.

Wesentlich angenehmer ist die – bei europäischen Winterflücht-
lingen beliebte – Zeit zwischen Dezember und März, mit Ausnahme
der Tage, an denen der Nordwestmonsun einschläft. Allerdings gilt diese Periode als Regenzeit, die besonders auf Mahé im Stau der Berge zu
heftigen, allerdings meist kurzen Schauern führt. Die eher regenarme
Zeit von Mai bis Anfang Oktober bietet zweifellos das beste Wetter.
Kräftig und stetig weht der Südostmonsun Tag und Nacht und hält die
Temperaturen auf angenehmem Niveau. Während dieser Jahreszeit
kommen Segler und Windsurfer voll auf ihre Kosten. Es herrscht allerdings meistens bewegter Seegang, was für Taucher Einschränkungen in
der Wahl ihrer Tauchreviere bedeutet und auch den Hochseeanglern
Schwierigkeiten bereitet. Außerdem führen dann manche Strände eine
hohe Brandung, sodass man nicht im Meer schwimmen kann. Die Wassertemperatur beträgt das ganze Jahr über ca. 26 °C.

Die Seychellen sind nie direkt von Zyklonen betroffen. Höchstens
Ausläufer machen sich ab und an durch Regen und Wind bemerkbar
(Dezember bis Februar). Am Äquator haben Tag und Nacht das ganze
Jahr hindurch praktisch die gleiche Dauer von je 12 Stunden. Sonnen-
auf- und -untergang (ca. 6 bzw. 18 Uhr) gehen sehr rasch vonstatten.

Da die Seychellen ein Ganzjahresreiseziel sind, orientiert sich die Ur-
lauberzahl überwiegend an den Ferienterminen und dem Wetter in den
Herkunftsländern (v.a. in Europa). Besonders um den Jahreswechsel
sollte man frühzeitig buchen. Eine Attraktion ist das Festival Kreol im
Oktober > S. 56, das jedoch nur wenig Einfluss auf die Buchungslage
der Hotels hat, da die angereisten Künstler meist privat unterkommen.

Anreise

Fast alle Touristen erreichen die Seychellen auf dem Luftweg. Von Deutschland aus besteht einmal wöchentlich eine Nonstop-Verbindung von Frankfurt a.M. nach Mahé, die von **Condor** (www.condor.de) bedient wird (Nachtflüge). Der Flug dauert etwa 9½ Stunden.

Umsteigeverbindungen, z.B. ab Berlin, Düsseldorf, Frankfurt a.M., Genf, Hamburg, München, Wien oder Zürich, bieten **Emirates** (www. emirates.com) über Dubai, **Etihad Airways** (www.etihadairways.com) über Abu Dhabi sowie **Qatar Airways** (www.qatarairways.com) über Doha.

Reisen im Land

Mit dem Flugzeug

Den Flugverkehr zwischen den Inseln wickelt die staatliche Fluggesellschaft **Air Seychelles** mit kleinen Propellermaschinen ab. Sie starten auf Mahé vom Inter Island Terminal neben dem internationalen Terminal am Seychelles Airport. Es bestehen planmäßige Verbindungen nach Praslin (mehrmals stündl., Flugdauer ca. 15 Min.), Bird Island (tgl., ca. 30 Min.) und Denis (tgl., ca. 30 Min.). Inter-Island-Flüge kann man bei Air Seychelles auf Mahé (Tel. 4391230) oder Praslin (Tel. 4284612) reservieren.

Die Flüge zu den Inseln Frégate, Bird, Denis und Desroches sind nur in Verbindung mit Übernachtungen in den jeweiligen Unterkünften buchbar.

Air Seychelles Ltd.
Seychelles International Airport][**P.O. Box 386**][**Victoria**][**Mahé**
Tel. 4391000][**www.airseychelles.com**

Mit dem Hubschrauber

Seit einigen Jahren gibt es mit **Zil Air** ein Hubschrauberunternehmen, das vor allem Hoteltransfers zu den Nebeninseln anbietet, aber auch Rundflüge. Der moderne Hubschrauber des Typs Eurocopter Colibri EC 120 B verkehrt nicht nur von den Flughäfen, sondern auch von vielen hotelnahen Start- und Landeplätzen und bieten somit direkte Transfers von und zu den internationalen Flügen ohne weiteres Umsteigen.

Zil Air (Pty) Ltd.
Pointe Larue][**P.O. Box 1110**][**Mahé**][**Tel 4375100**][**www.zilair.com**

Mit der Fähre

Zwischen Mahé, Praslin und La Digue besteht ein regelmäßiger, teilweise mehrmals täglich verkehrender Fährbetrieb. Die Ablegestellen sind auf Mahé der Inter Island Quay im Hafen von Victoria, auf Praslin die Jetty von Baie Ste. Anne und auf La Digue der Hafen La Passe.

Schnell und zugleich komfortabel ist der Transfer auf den beiden Cat-Cocos-Katamaranfähren **Isle of Praslin** zwischen Mahé und Praslin (2- bis 3-mal tgl., Fahrzeit 50 Min., Erw. ca. 43–55 €, Kinder ca. 23–26 €) und **Isle of La Digue** zwischen Mahé und La Digue über Praslin (1-mal tgl., Fahrzeit 1½ Std., Erw. ca. 56–69 €, Kinder ca. 31 €).

Abfahrt von La Passe, Praslin

Der moderne Schnellkatamaran **Kat Roses** von Inter Island Ferry verkehrt von Sonnenauf- bis -untergang mehrmals täglich zwischen Praslin und La Digue (Reservierung sinnvoll, Fahrzeit 15 Min., Jug. und Erw. 12 €, Kinder € 6).

■ **Inter Island Boats Ltd.**
Flamboyant Ave.][P.O. Box 356][Victoria][Mahé][Tel. 4324843
www.catcocos.com
■ **Inter Island Ferry (Pty) Ltd.**
Baie Ste. Anne][Praslin][Tel. 4232329][www.seychelles.net/iif

Auf Kreuzfahrt

Die Äußeren Inseln der Seychellen kann man grundsätzlich im Rahmen einer Kreuzfahrt bereisen, d.h. entweder als Zwischenstopp auf einer großen Kreuzfahrt durch den Indischen Ozean oder auf einer eigenen »kleinen« Kreuzfahrt, die in Mahé beginnt und endet.

🛈 Während es im Bereich der Inneren Inseln noch keinerlei Zwischenfälle gegeben hat, sind die Gewässer um die entlegeneren Inseln in den letzten Jahren allerdings auch in das Visier von Piraten geraten. Aus diesem Grunde sehen die wenigen Anbieter inzwischen davon ab, feste Kreuzfahrttermine in diese Region anzubieten und Programme zu veröffentlichen. Ob eine derartige Fahrt als sicher gelten kann, muss daher von den Schiffseignern, den Skippern und den Behörden der Seychellen vor Ort entschieden werden.

Mit dem Bus

Busfahrten sind durchaus zu empfehlen, schon weil sie sehr billig sind und man Kontakt zu den Einheimischen bekommt.

Linienbusse der staatlichen Gesellschaft **SPTC** verkehren auf Mahé und Praslin. Der zentrale Busbahnhof auf Mahé liegt an der Palm Street in Victoria. Fahrpläne sind im Touristenbüro, im SPTC-Bürogebäude am Busbahnhof, eventuell auch an der Hotelrezeption erhältlich. Hauptstrecken, z.B. Victoria–Anse aux Pins, werden im Halbstundentakt befahren. Nach Bel Ombre (über Beau Vallon) sowie nach Port Launay bestehen auch abends Verbindungen, ansonsten verkehren die Busse zwischen 6 und 19 Uhr. Auf Praslin gibt es zwei Linien, die die Strecke Anse Boudin–Mont Plaisir bedienen, und zwar im Stundenrhythmus, sonntags etwas seltener.

Die Bushaltestellen kennzeichnen kleine Schilder oder Markierungen direkt auf dem Asphalt. Die Busse stoppen nicht unbedingt an jeder Haltestelle. Man muss also zum Einsteigen winken, wenn der Bus sich nähert, zum Aussteigen an der nächsten Haltestelle rufen die Seycheller »devan«. Meiden sollte man die Hauptverkehrszeiten vor 9 Uhr und zwischen 15.30 und 17.30 Uhr. Die Busse sind dann überfüllt.

Mit dem Taxi

Taxis gibt es auf Mahé, Praslin und begrenzt auch auf La Digue. Die Preise liegen bei ca. 1,50 €/km. Der Haupttaxistand in Mahé, an dem immer Wagen zu finden sind, liegt im Zentrum von Victoria, an der Albert Street in der Nähe des Uhrturms. Taxis sind auch immer am Flughafen bei Ankunft internationaler Maschinen und meistens an den großen Hotels auf Mahé verfügbar; ansonsten muss man sich an der Rezeption einen Wagen telefonisch bestellen lassen. Dort kann man auch die ungefähren Preise erfahren.

Obwohl jedes Taxi ein Taxameter besitzt (Vorschrift), wird dieses – besonders gern bei Ausländern – nicht unbedingt eingeschaltet. Entweder bestehen Sie darauf oder vereinbaren vor der Abfahrt den Fahrpreis. Auf diese Weise kann man auch private Sightseeing-Touren unternehmen – mit dem Taxifahrer als persönlichem Fremdenführer. Wenn Sie einem Fahrer begegnen, der Ihnen zusagt, fragen Sie ihn nach seiner privaten Telefonnummer, um ihn bei Bedarf direkt anzurufen.

Mit dem Mietwagen

Auf Mahé und Praslin gibt eine ganze Reihe von Leihwagen *(Car Hire)*-Firmen. Einige sind bereits bei der Ankunft am Seychelles International Airport in Mahé zur Stelle, viele schicken auch ihre Vertreter in die großen Hotels, wo sie jeden Morgen in der Lounge ihre – manchmal etwas älteren – Autos anbieten. Ansonsten genügen ein Blick in den Branchenteil des Telefonbuchs und ein kurzer Anruf, um zu einem

Leihauto zu kommen. Die Preise liegen zwischen 40 und 80 € pro Tag, die absolut »billigsten« Angebote erhält man sicherlich vor Ort. Dabei sollte man aber beurteilen können, ob ein Auto auch wirklich verkehrstüchtig ist (Bremsen, Reifen usw.). Die großen internationalen Autovermieter bürgen hingegen mit ihrem Namen für einen gewissen Mindeststandard. Zudem kann man bei Vorbestellung (mit deutschsprachigem Vertragstext) genau überprüfen, ob man ausreichend versichert ist. Die Kfz-Reservierung ist auch sinnvoll, da in der

Inselerkundung per Bus

Hauptsaison zumindest die guten Wagen meist vermietet sind. Einige Fluggesellschaften bieten in Zusammenarbeit mit Autovermietern Sondertarife (»Fly & Drive«) an.

Zum Anmieten eines Fahrzeuges muss man den Internationalen oder EU-Führerschein vorlegen und die Leihsumme vorab entrichten oder mit Kreditkarte garantieren. Darin ist meist die Haftpflicht eingeschlossen; zusätzliche Versicherungen (Vollkasko: dringend empfohlen; Insassenversicherung: überflüssig) kosten extra.

Am meisten verbreitet sind japanische oder koreanische Kleinwagen. Sie sind auf den engen Straßen auch für Ortsunkundige leicht zu handhaben und reichen völlig aus, da man sie kaum zum Gepäcktransport einsetzt. Die Autos werden fast immer mit einem Minimum an Benzin übergeben, sodass die erste Fahrt zur nächsten Tankstelle (tgl. ca. 7–19 Uhr) führen muss. Auf Mahe gibt es insgesamt nur sechs Zapfstellen: in Victoria, an der Beau Vallon Bay, am Flughafen, an der Anse Royale, im Ort Baie Lazare und in Port Glaud. Auf Praslin sind zwei Tankstellen vorhanden: in Grand' Anse und Baie Ste. Anne.

Auf den Seychellen herrscht Linksverkehr. Zunächst ist man besonders beim Einbiegen in andere Straßen versucht, auf die rechte Fahrspur zu wechseln – hier ist große Vorsicht geboten, ebenso beim Ein- und Ausfahren in den Kreisverkehr. Die Geschwindigkeitsbegrenzungen sind innerorts 40 km/h, außerorts 65 km/h. Ausnahmen werden durch Schilder angezeigt. Es besteht Anschnallpflicht. Beim Parken in einigen Straßen im Zentrum von Victoria ist eine Gebühr zu entrichten in Form von Park-Coupons (erhältlich in Geschäften, an Tankstellen und bei den Verleihfirmen). Diese befestigt man im Wagen und markiert sie mit der Ankunftszeit (Vorsicht bei offenen Fahrzeugen!).

Mahé verfügt über ein gut ausgebautes Netz an asphaltierten Straßen, nur sind sie meistens so schmal, dass gerade zwei Fahrzeuge nebeneinander passen. Dazu kommt, dass in den Ortschaften Bürgersteige fehlen, also muss man die Straßen mit Fußgängern und Schulkindern, oft auch noch mit Haustieren teilen. Vor allem in der früh einsetzenden Dunkelheit ist auf unauffällig gekleidete Spaziergänger zu achten. Zudem ist es nicht ungewöhnlich, dass hinter der nächsten Biegung ein parkendes Auto den Weg versperrt oder es gilt, einem Hund oder einer Schar Hühner auszuweichen. Wer nach dem Motto fährt: »Ich bin im Urlaub und habe es nicht eilig«, wird mit den Verkehrsverhältnissen gut fertig werden.

🔣 Lassen Sie generell nichts offen im Wagen liegen, wenn Sie ihn abstellen. Langfinger gibt es auch auf den Seychellen – nicht zuletzt dort, wo man glaubt, ganz alleine zu sein.

Mit dem Fahrrad

Auf La Digue ist das Fahrrad das Hauptverkehrsmittel für Einheimische ebenso wie für Touristen. Auch auf Praslin kann man sich mit dem Fahrrad gut fortbewegen. Auf Mahé sind Fahrräder als Verkehrsmittel ungeeignet ❯ S. 34.

Sport und Aktivitäten

Urlaub aktiv – wenn die Quecksilbersäule über 30 °C klettert und die Luftfeuchte knapp unterhalb der Hundertprozentmarke liegt? Unter diesen Bedingungen gehört manchmal eine Portion Überwindung dazu, die vielen gebotenen Freizeitaktivitäten auch auszunutzen. Da bleibt es oft bei der leichtesten und nächstliegenden Übung: sich einfach ins Meer gleiten zu lassen, dessen laue Temperatur zum stundenlangen Baden einlädt.

Schwimmen

Viele Feriengäste befriedigen ihre Badelust im Swimmingpool, über den fast alle Hotels verfügen, im Meer planschen sie nur mit den Füßen oder spazieren lediglich daran entlang. Tatsächlich ist es manchmal gar nicht so einfach, ein ideales Plätzchen zum Schwimmen im Meer zu finden: Die malerisch vor der Küste liegenden Lagunen haben bei Ebbe einen sehr niedrigen Wasserstand, fallen oft sogar trocken. Diese Schwierigkeiten gibt es nicht an Sandstränden ohne vorgelagerte Korallenriffe, weil der Grund schnell ins Tiefe abfällt. Je nach Richtung des Monsunwindes kann hier aber eine hohe Brandung herrschen.

Unterwegs mit Kindern

Trotz relativ hoher Lebenserwartung sind die Seychellen ein Land mit niedrigem Altersdurchschnitt. Das liegt vor allem an der großen Zahl der Kinder: ihr Anteil an der Bevölkerung ist fast doppelt so hoch wie in Deutschland. So ist es ganz natürlich, dass Kinder im Leben der Seycheller eine große Rolle spielen, und so sind auch Urlauberkinder gern gesehen und herzlich willkommen. Strafende Blicke erntet man höchstens von kinder- und verständnislosen Miturlaubern, die sich durch spielende Kinder gestört fühlen.

Aus Sicht von Familien bieten die Seychellen nahezu ideale Voraussetzungen für Kinder: Tropenklima, saubere und feinsandige Strände, trotzdem keine Tropenkrankheiten oder gefährlichen Tiere. So erspart man den Kleinen die unbeliebten und nicht risikofreien Schutzimpfungen. Und der geringe Zeitunterschied zur Heimat bringt Kinder nicht aus ihrem gewohnten Rhythmus.

Sicher am Strand

Freilich ist das Meer kein Planschbecken, und die Äquatorsonne ist auch nicht zu unterschätzen. Sonnenschutz mit hohem Lichtschutzfaktor, schützende Kleidung und Kopfbedeckung sind selbstverständlich.

Beim Baden gelten die üblichen Vorsichtsregeln, und unbeaufsichtigt sollte man Kinder in der Nähe von Wasser ohnehin nicht lassen. Selbst geübte Schwimmer müssen auf Wellen und vor allem auf unsichtbare Strömungen unter Wasser achten. Empfehlenswert für Kinder sind die flachen Strände der **Anse Source d'Argent** auf La Digue › S. 119 oder der **Anse Volbert** auf Praslin › S. 101 vor allem zwischen Mai und Oktober.

Roi ❯ S. 92 auf Mahé. Gerade Letzterer bietet die Möglichkeit, Kindern zu zeigen, woher Gewürze stammen und wie sie ursprünglich aussehen. Die Teeverarbeitung kann man in der **Tea Factory** auf Mahé ❯ S. 84 miterleben und die vielfältige Verarbeitung von Kokosnüssen im **L'Union Estate** auf La Digue ❯ S. 119 – Sachkunde live.

Spielplatz Natur

Gekünstelte Vergnügungsparks und Tiere im Käfig findet man auf den Seychellen nirgends – das Land selbst ist der Erlebnispark, und zwar durchaus auch für Kinder. Richtig spannend ist z.B. der Ausflug von Praslin zu den Nachbarinseln **Cousin** ❯ S. 109 und **Curieuse** ❯ S. 103, wo Kinder allerlei exotische Tiere aus nächster Nähe und sogar Schildkröten in verschiedenen Altersstufen kennenlernen: ein wahrer Streichelzoo in der Natur.

Eher an ein Aquarium erinnern hingegen die Ausflüge mit dem Glasbodenboot, z.B. in den **Ste. Anne Marine National Park** vor Mahé ❯ S. 82. Hier kann man die prächtig bunte Unterwasserwelt erleben, ohne nasse Füße zu bekommen. Ältere Kinder können schnorcheln und – ab 12 Jahren – auch tauchen.

Botanik einmal anders

Nicht mehr ganz unberührte Natur, aber immerhin frische Luft und Grün bieten der **Botanische Garten** ❯ S. 75 und der **Jardin du**

Unterkünfte für Familien

In vielen Hotels kann man ein Kinderbett ins Doppelzimmer stellen lassen. Einige Hotels bieten auch gleich Dreibettzimmer oder Familiensuiten an. Kinderbetreuung und Babysitter gibt es in Hotels der gehobenen Preisklasse. Dort findet man auch am ehesten Pools für Kinder. Für größere Familien sind Ferienwohnungen die preisgünstige Alternative, doch ist man hier auf sich allein gestellt. In Pensionen findet man leichter Anschluss an Familien, u.U. auch mit gleichaltrigen Kindern.

Restaurants

In den meisten Restaurants gibt es keine Kinderkarte oder Kinderteller, doch auf Anfrage bereitet man gerne kleinere Portionen. Burger und Pommes frites sind eher selten im Angebot. Versuchen Sie, die Kinder an das einheimische Essen heranzuführen – es geht auch ohne die scharfe Würze, und gesund sind Fisch, Reis und frisches Obst allemal – wer schafft es z.B., die 25 Sorten von Bananen zu probieren?

Vor der gesamten Ostküste von Mahé erstreckt sich eine Lagune, daher bietet sie keine idealen Voraussetzungen zum Schwimmen – mit Ausnahme der einladenden Anse Royale im Süden, wo das Korallenriff so weit draußen liegt, dass das Wasser hier einige Meter Tiefe aufweist. Auf der anderen Inselseite gibt es eine ganze Reihe schöner Sandbuchten. Aufgrund der wechselnden Passatwinde ist an allen Stränden zu bestimmten Jahreszeiten mit höherem Wellengang zu rechnen.

⚠ Selbst bei Flut muss man auf einzelne Korallenblöcke aufpassen. Tragen Sie unbedingt Badeschuhe zum Schutz vor Seeigeln oder Korallentrümmern. Bei hohem Wellengang kann Baden wegen Strömungen gefährlich sein. Man sollte auf alle Fälle die Warnschilder beachten, die an manchen Stränden aufgestellt sind.

Schnorcheln

Auf den Seychellen gibt es viele wunderschöne Schnorchelreviere mit reichem Korallenwuchs und buntem Unterwasserleben › S. 45 Allerdings liegen sie selten direkt vorm Hotel. In den Lagunen zu schnorcheln, lohnt sich allgemein wenig, weil das Wasser trüb ist und es auch kaum etwas zu sehen gibt. Weitaus interessanter sind die Riffe – allerdings sind sie in der Regel nur mit dem Boot erreichbar und auch nicht ganz ungefährlich wegen der dort herrschenden Brandung. Gut eignen sich dagegen die felsigen Flanken von offenen Sandbuchten.

Die besten Badestände

Echt gut!

■ Die **Anse à la Mouche** auf Mahé besitzt einen flachen Strand, der bei Familien beliebt ist, aber oft menschenleer ist (Okt.–April). › S. 87

■ Die **Anse Soleil** zählt zu den schönsten Badebuchten auf Mahé, ist leicht mit dem Auto zu erreichen, liegt aber abseits der Hauptstraße und hat nur ein kleines Gästehaus (Okt.–April). Noch ursprünglicher zeigt sich die anschließende **Petite Anse**. › S. 88

■ Die **Anse Lazio** auf Praslin gilt als einer der schönsten Strände der Welt, ist leicht erreichbar, aber weit genug von Hotels entfernt, um nicht überlaufen zu sein (April–Okt.). › S. 101

■ Die **Anse Georgette** auf Praslin ist ein echter Geheimtipp, denn man erreicht sie nur per Boot oder Fußmarsch – Einsamkeit ist garantiert (April–Okt.). › S. 112

■ Die **Anse Source d'Argent** auf La Digue ist ein absolutes Muss unter den Stränden, aber auch eine Hauptattraktion der Insel; Abend- und Morgenstunden sind ein wenig menschenärmer. › S. 119

■ Auf Silhouette ist die **Anse Mondon**, eine kleine Bucht im Norden der Insel, die attraktivste Badestelle; am einfachsten erreicht man sie per Boot, das am Inselhotel Labriz ablegt (April–Okt.). › S. 125

■ Die **Anse Victorin** auf Frégate liegt in der Nähe der Hotelanlage, erfordert aber einen recht steilen Abstieg durch den Wald; das Hotel serviert seinen Gästen auf Wunsch auch Mahlzeiten an diesem Strand (April–Okt.). › S. 127

⚠ Zum Schutz vor Sonnenbrand sollte man, v.a. am Urlaubsanfang, beim Schnorcheln ein (UV-Schutz-)T-Shirt tragen. Eine Alternative ist Skiunterwäsche, die selbst im Wasser eng anliegt.

Tauchen

Der Tauchsport ist sehr populär auf den Inseln, geeignete Tauchreviere gibt es praktisch überall. Der Unterwasserboden rund um die Granitinseln liegt kaum mehr als 30 m tief und besteht aus kahlen Felsabbrüchen sowie abwechslungsreichen Korallenriffen mit einer bunten Vielfalt an Tropenfischen. Neugierige, aber nicht aggressive Haie gibt es immer wieder zu beobachten. Auch Großfische wie Mantarochen oder Walhaie lassen sich ausmachen, besonders zwischen November und Januar, weil sie dann dem Plankton folgen, das in die höheren Wasserschichten steigt.

⚠ Gerade weil der Tauchsport auf den Seychellen so viele Anhänger hat, sollte man bedenken, dass jeder Tauchgang einen Eingriff in die Unterwasserwelt bedeutet. Jegliche Berührungen mit dem Meeresboden oder den Korallenstöcken sollte man vermeiden sowie niemals Muscheln oder Korallen mitnehmen.

Die notwendige Ausrüstung samt Unterwasserkamera kann man ausleihen. Ein 3–4 mm dünner Tauchanzug gegen eventuelle Auskühlung und schmerzhafte Hautabschürfungen an Korallen ist empfehlenswert. Bewährt haben sich leichte, schnell trocknende Overalls aus Lycra. Wer als Anfänger kommt, sollte zur eigenen Sicherheit ein ärztliches Tauglichkeitszeugnis von zu Hause mitbringen. (Tauchlehrer sollten ein solches verlangen.) Geübte Taucher nehmen am besten ihren Nachweis (Brevet) über ihre Unterwassererfahrung mit.

Es gibt über ein Dutzend Tauchschulen, bei denen man Unterricht nehmen oder Exkursionen buchen kann. Die meisten sind dem Berufstaucherverband der Seychellen (APDS) angeschlossen und von der Professional Association of Diving Instructors (PADI) anerkannt, sodass sie international gültige Tauchscheine ausstellen können.

Auf Mahé und Praslin empfehlen sich folgende Tauchbasen:

■ **Angel Fish Dive Centre**
Roche Caiman][Mahé
Tel. 4344644][Fax 4344545
www.seychelles-charter.com

■ **Big Blue Divers**
Mare Anglaise (Beau Vallon Bay)
Mahé][Tel. 4261106][Fax 4247854
www.bigbluedivers.net

■ **Blue Sea Divers**
Beau Vallon][Mahé][Tel. 2526051
www.blueseadivers.com

■ **Dive Resort Seychelles**
Anthena Sport Complex
Anse à la Mouche][Mahé
Tel. 4372057
www.scubadiveseychelles.com

■ **Ocean Dream Divers**
Mare Anglaise (Beau Vallon Bay)
Mahé][Tel./Fax 4248385
www.oceandreamdivers.eu

■ **Underwater Centre /
Dive Seychelles**
Berjaya Beau Vallon Bay
Beach Resort][Beau Vallon
Mahé][Tel. 4345445
www.diveseychelles.com.sc

■ **Octopus Diving Centre**
Anse Volbert][Praslin
Tel. 2715441][Fax 4232602
www.octopusdiver.com

■ **Whitetip Divers**
Anse Volbert][Praslin
Tel./Fax 4232282
www.whitetipdivers.com

Tauchbasen speziell für die Hotelgäste gibt es zudem auf Denis, Desroches, Frégate, North und Silhouette. Darüber hinaus organisieren auf Mahé einige Charterunternehmen mit ihren Schiffen auch ein- und mehrtägige Tauchexkursionen:

Echt gut!

Die besten Schnorchel- und Tauchreviere

■ Der **Sainte Anne Marine National Park** bei Mahé gehört zu den am leichtesten erreichbaren Schnorchelrevieren der Seychellen. Dank des strengen Schutzes weist er jedoch eine große Vielfalt an buntem Unterwasserleben auf. (Eine Alternative sind hier Glasbodenboote.) › S. 82

■ Ein weiteres Schutzgebiet, das etwas abseits liegt und daher wenig besucht wird, ist die **Baie Ternay**, eine Bucht im äußersten Westen von **Mahé.** › S. 86

■ Das Gebiet zwischen Praslin, Curieuse, St. Pierre und Chauve Souris, das zum **Curieuse Marine National Park** gehört, ist ein ausgezeichnetes geschütztes Schnorchelgebiet. Man kann von Praslin aus einsteigen oder ein Schiff buchen. › S. 103

■ Unter Schnorchlern ein echter Geheimtipp ist die **Anse La Farine** im äußersten Osten von **Praslin**, denn sie ist nur mit dem Boot oder per Fußmarsch vom Ende der Straße in Anse La Blague zu erreichen. › S. 104

■ Auf **La Digue** empfiehlt sich vor allem die Westseite zum Schnorcheln. Im Bereich des Hafens muss man auf den Bootsverkehr achten, aber ruhiger geht es weiter südlich an der **Anse Source d'Argent** zu. › S. 119

■ Ein Tipp ist auch die Koralleninsel **Desroches**, bekannt durch ihren Fischreichtum und ihre abwechslungsreichen Korallenriffe mit Steilabbrüchen. Besonders gut eignen sich April/Mai und Okt./Nov. mit relativ ruhigem Meer. Dann kann die Sicht mehr als 30 m betragen. › S. 134

Bei 26 Grad Wassertemperatur hält man es lange im Ozean aus

■ **Illusions Liveaboards**
Tel. 2760346
www.mvillusions.com
■ **King Bambo**
Tel. 2513945][Fax 2511719
www.kingbambo.com
■ **Luxury Yacht Charters**
Tel. 4344278][Fax 4345619
www.yachtmanagement.sc
■ **Nature Quest**
Tel. 4334906][Fax 4225289
■ **Silhouette Cruises**
Tel. 4324026][Fax 4324365
www.seychelles-cruises.com

Windsurfen und Segeln

Die Voraussetzungen für diese Sportarten sind sehr günstig in der Zeit zwischen Mai und September, wenn der Südostmonsun stark (4 bis 5 Beaufort) und stetig weht. Weniger geeignet ist die Zeit zwischen Dezember und März. Der dann herrschende Nordwestmonsun kann zwar kräftig blasen, setzt aber mitunter auch tagelang aus. Kaum ein Lüftchen regt sich in den Monsunumschlagzeiten April sowie Oktober und November. Wann diese genau einsetzen, lässt sich nie exakt vorhersagen; in der Regel dauert die windlose Übergangsperiode einen Monat.

Bretter verleihen viele Hotels sowie einige Unternehmen auf Mahé, aber das Material entspricht oft nicht dem Standard, den sich ein passionierter Windsurfer wünscht. Gegebenenfalls sollten sich Brettsegler ihre eigene Ausrüstung mitbringen.

Besser sieht es bei den Sportsegelbooten aus. Häufig handelt es sich um Katamarane, die normalerweise in gutem Zustand sind. Die größte Auswahl und das beste Revier findet man an der weiten, überwiegend korallenfreien Beau Vallon Bay auf Mahé.

Eine andere Möglichkeit, sich seglerisch zu betätigen, besteht beim Jachtklub in Victoria (Hafen, Tel. 4322362), wo v.a. von Mai bis September eine rege Regattatätigkeit herrscht. Für größere Fahrten gibt es Jachten, vorzugsweise mit Skipper, zu chartern. Der favorisierte Bootstyp ist auch hier der Katamaran. Angeboten werden Touren im Gebiet der Inneren Inseln, aber auch mehrwöchige Törns zu den Amiranten oder noch weiter, wenn es die Wetter- und Sicherheitslage erlaubt.

Informationen und Adressen für Selbst- und Mitsegler finden sich im Special »Schiffstouren« ❯ S. 32.

■ **Marine Charter Association**
P.O. Box 20][Victoria][Mahé][Tel. 4322126][Fax 4224679
mca@seychelles.net. Erteilt Auskünfte für Segler.
■ **Seychelles Tourist Office**
(Adresse ❭ S. 137) informiert auf seiner Website **www.seychelles.travel/de** unter
dem Stichwort »Freizeitaktivitäten« über Veranstalter für Jachtcharter.

Angeln

Die reichhaltigen Fischgründe der Seychellen bieten beste Voraussetzungen für Hochsee-, Grund- und Fliegenfischer. Prospekte der Hoch-
seeangelunternehmen zeigen, welch zentnerschwere Fische aus den
Gewässern der Seychellen zu ziehen sind. Einen zwei bis drei Meter langen Speer- oder Fächerfisch möchte wohl jeder Angler gerne einmal am
Haken haben, aber beide Gattungen sind Bewohner der hohen See: um
sie aufzuspüren, muss man den flachen Unterwassersockel rund um die
Granitinseln verlassen.

Ideale Ausgangspunkte zum Hochseeangeln sind die Inseln Bird, Denis oder Desroches und die übrigen Amiranten.

Einen Speer- oder Fächerfisch fängt man natürlich nicht alle Tage,
und so bringen die Angler meistens »nur« Bonitos, Thunfische, Gold-
makrelen, Wahoos oder Barrakudas heim. Die Beute gehört normalerweise dem Bootseigentümer, dem Angler bleiben die Ehre, ein Foto und
die Kosten für den nicht gerade billigen Spaß.

Hochseeangelboote sind mit einer größeren Anzahl starker Angelru-
ten ausgestattet sowie mit mehreren fest verankerten Stühlen, auf denen
die Angler angeschnallt werden, sobald der Kampf mit dem Fisch beginnt. Zu chartern gibt es Boote auf Mahé, Praslin und La Digue sowie
auf einigen der Hotelinseln, meistens zusammen mit einem revier-
erfahrenen Skipper sowie ein oder zwei Hilfskräften. Größere Boote
verfügen über Kojen für längere
Angeltörns.

Informationen zu Hochseean-
geltörns erhält man bei der Marine Charter Association ❭ oben.

Wasserski und Parasailing

Wasserskimöglichkeiten gibt es in
diversen größeren Hotels; Flüge
an einem Schleppfallschirm, ge-
zogen von einem Motorboot, bietet an der Beau Vallon Bay auf
Mahé Beau Vallon Aquatic Sport
(Tel. 2594367).

An der Nordspitze von Praslin

Seychellen auf Wellen

Angesichts der so zahlreichen Seychelleninseln fällt die Entscheidung schwer, wo man seinen Urlaub verbringen möchte. Um sich gerade beim ersten Besuch einen guten Überblick zu verschaffen, bietet sich eine Kreuzfahrt an. Die Vorteile liegen auf der Hand: Man sieht eine Vielzahl von Inseln in kürzester Zeit und erlebt jeden Tag ein neues herrliches Panorama, braucht dazu aber nie die Unterkunft zu wechseln. Die Kosten bewegen sich dabei durchaus in vertretbarem Rahmen, verglichen mit der Alternative: Unterkünfte an Land (mit Vollpension) und Einzelausflüge zu den Inseln.

Buchen Sie erst eine Woche auf dem Schiff und entscheiden Sie sich dann, wo Sie den Rest des Urlaubs verleben möchten. Außer in der Hauptsaison (Weihnachten) gibt es keine Probleme, auch kurzfristig eine Bleibe zu finden.

Kreuzfahrtprogramme

Bei einer einwöchigen Kreuzfahrt auf den gemütlichen Zweimast-Toppsegelschonern von **Silhouette Cruises,** die jeweils bis zu 20 Passagiere in acht klimatisierten Kabinen aufnehmen, werden je nach Wind und Wetter z.B. die Inseln Mahé, Praslin, La Digue, Curieuse und Cousin angesteuert – eine ideale Einführung in das Tropenparadies der Seychellen. Während des Törns bleibt natürlich Zeit für Tauchgänge und Schnorchelausflüge. Es werden auch spezielle Tauchkreuzfahrten durchgeführt.

Mit umgerüsteten ehemaligen Forschungsschiffen kann man nach den riesigen Walhaien Ausschau halten, die von Juni bis August bzw. November bis Januar an den Inneren Inseln vorbeiziehen, oder zum Aldabra-Atoll mit der größten Landschildkrötenkolonie der Welt aufbrechen. Zweiwöchige Kreuzfahrten zu den Äußeren Inseln an Bord einer Jacht organisiert **Nature Quest.**

■ **Silhouette Cruises**
P.O. Box 336][Victoria][Mahé
Tel. 4324026][Fax 4324365
www.seychelles-cruises.com

■ **Infinity Reise-Consulting**
Theresienhöhe 1
80339 München
Tel. 089 5389628
www.segelkreuzfahrt.de
Agentur für Silhouette Cruises.

■ **Cat Sail Reisen & Segeln**
Auwaldstr. 12
79110 Freiburg
Tel. 0761 1378408
www.cat-sail.de

■ **Nature Quest (Pty) Ltd.**
Arpent Vert][Mont Fleuri][Mahé
Tel. 4334906][Fax 4225289

Jachtcharter

Segelfreunde können Segeljachten und Katamarane chartern – Experten »bareboat«, Laien komplett mit Skipper und Crew. In beiden Fällen legt man die Route selbst fest, sollte sich aber von Kennern beraten lassen. Wer nicht allein oder zu zweit eine ganze Jacht mieten möchte, erkundigt sich nach Mitsegelangeboten. Anbieter von Charterjachten sind z.B.:

■ **Bat-O-Bleu NV**
Duinenstraat 156][8450 Oostende
Belgien][Tel. +32 474022714
www.bat-o-bleu.com

■ **Dream Yacht Seychelles**
Praslin][Tel. 2529663
www.dreamyachtcharter.com

■ **Marine Cat Sey**
Mahé][Tel. 2527077
www.marinecatsey.com

■ **The Moorings**
The Wharf Hotel & Marina][Mahé
Tel. 4601060][Fax 4601061
www.moorings.com

■ **Sunsail**
Victoria][Mahé][Tel. 4601063
Fax 4601064][www.sunsail.com

■ **Mariner Travel GmbH**
Theodor-Heuss-Str. 53–63
61118 Bad Vilbel
Tel. 06101 55791-522 (Moorings)
Tel. 06101 55791-566 (Sunsail)
Deutsche Moorings- u. Sunsail-Agentur.

■ **KH+P Yachtcharter GmbH**
Ludwigstr. 112][70197 Stuttgart
Tel. 0711 638282][Fax 6365709
www.khp-yachtcharter.com

■ **Trend Sailing GmbH**
Marker Dorfstr. 74][59071 Hamm
Tel. 02381 163321][Fax 162718
www.trend-sailing.de

■ **VPM Yacht Charters**
Roche Caiman][Mahé
Tel. 4344719][www.vpm.fr

Achtung auf See

Segeln zwischen den Inneren Inseln ist relativ ungefährlich, doch zu den Äußeren Inseln sollten sich nur erfahrene Segler hinauswagen. Die Amiranten dürfen ohnehin nur mit Skipper angelaufen werden. Das Echolot sollte man unbedingt stets im Auge behalten und nicht blind auf Tiefenangaben in den Seekarten vertrauen – Korallenformationen ändern sich ständig. Erkundigen Sie sich außerdem über die aktuelle Sicherheitslage, denn v.a. somalische Piraten dringen inzwischen vom Horn von Afrika immer weiter nach Süden in den Indischen Ozean vor.

Fahrradfahren

Zwei ausgesprochene Fahrradinseln sind Praslin und vor allem La Digue, weil auf den Straßen relativ wenig Autoverkehr herrscht und die Landschaft nicht so bergig ist. Auf La Digue werden Leihfahrräder von mehreren Unternehmern angeboten, u.a. gleich am Hafen, sobald man das Fährschiff verlässt. Auf Praslin gibt es Verleihfirmen an der Côte d'Or und im Ort Grand' Anse. Und auf Mahé findet man kleinere Verleihunternehmen vor allem im Süden, meistens direkt bei den größeren Hotels. Die Fahrradmieten liegen bei ca. 5 € pro Tag. Insbesondere im Norden Mahés ist das Radfahren wegen des hohen Verkehrsaufkommens jedoch nicht unbedingt empfehlenswert.

⚠️ Bei den Leihrädern handelt es sich aber häufig um billige Mountainbikes, die z.T. schon recht heruntergekommen sind. Überprüfen Sie die Bremsen sowie die Funktionsfähigkeit der Gangschaltung – möglichst bevor Sie die Leihgebühr entrichten.

Reiten

Reitmöglichkeiten werden auf La Digue in der Anlage L'Union Estate (Tel. 4234240, ❯ S. 119) sowie an Mahés Westküste im netten Utegangar Riding Centre (Tel. 2712355, www.utegangar.no) angeboten.

Wandern

Man kommt zwar nicht gerade zum Wandern auf die Seychellen, hätte aber sicherlich etwas versäumt, wenn man es nicht täte. Die einzigartige Natur und die großartige Landschaft lassen sich am besten zu Fuß erkunden. Wege gibt es genug, das Fremdenverkehrsamt hat eine Reihe von ihnen erschlossen, markiert und mit Hinweisschildern versehen.

Weil die Pfade oft schlüpfrig sind und manchmal auch steile Etappen überwunden werden müssen, empfiehlt sich für diese Ausflüge Schuhwerk mit guter Profilsohle, ansonsten genügen eine Sonnenkappe, Hemd und Shorts, Insektenschutz sowie ein leichter Rucksack mit genügend Trinkvorräten und einem Regenschutz. Die beste Zeit für Wanderungen liegt zwischen Mai und September, denn dann weht ein kühlender Südostmonsun. In jedem Fall sollte man so weit wie möglich die Morgenkühle ausnutzen und früh starten.

Mit Ausnahme der Besteigung des Morne Seychellois sind die Touren leicht auf eigene Faust

Auch zu Pferd kann man La Digue erkunden

Attraktion beim Wandern im Vallée de Mai sind Seychellennusspalmen

durchzuführen, soweit man gut zu Fuß ist und über ein Auto verfügt. Es werden aber auch geführte Wanderungen von erfahrenen Guides angeboten, z.B. von Basil Beaudouin (Tel. 2514972) oder Jacques Barreau (Tel. 2579191) auf Mahé und Michael Jean-Louis (Tel. 2524150), Victorin Laboudallon (Tel. 2513370) oder Umberto Ugo Sala (Tel. 2770966) auf Praslin.

Buch-Tipp Für die meisten Wanderwege gibt es die sehr empfehlenswerten kleinen Führer **Nature Trails and Walks in Seychelles,** die man für wenige Rupien beim Tourist Office in Victoria oder in den größeren Hotels kaufen kann. Verfasser dieser Broschüren sind die Biologen Katy Beaver und Lindsay Chong-Seng, die die meisten Wege auch mitgeplant haben. Sehr anschaulich beschreiben sie (in Englisch) die unterwegs anzutreffende Tier- und Pflanzenwelt und erwähnen auch sonstige Sehenswürdigkeiten.

Golf

Selbst den Golfschläger kann man auf den Seychellen schwingen. Neben der etwas älteren 9-Loch-Anlage des Seychelles Golf Club an der Anse aux Pins auf Mahé (Tel. 2781902, www.seychellesgolfclub.com, › S. 91) wurde vor einigen Jahren ein weiterer 18-Loch-Meisterschaftsplatz hinter dem Lémuria Resort auf Praslin eröffnet, der den Spielern Ausblick auf einige der reizvollsten Inselpanoramen gewährt. Die Anlage steht auch Besuchern zur Verfügung, die keine Hotelgäste sind (Tel. 4281230, www.lemuriaresort.com › S. 112).

Unterkunft

Die Seychellen heben sich bewusst vom Massentourismus ab: Billigflüge sind nicht zugelassen, und auf den Inseln stehen derzeit nur rund 6000 Gästebetten zur Verfügung – in Hotelbauten, die bisher übersichtlich bleiben und sich gut in die Landschaft einfügen.

Bei den Unterkünften ist die Auswahl groß, die Preise sind aber für alle hoch: für zwei Personen im Doppelzimmer liegt die Spanne zwischen 50 und weit über 5000 €. Für Weihnachten, Ostern sowie Juli/August muss man länger vorausbuchen, da viele Europäer dann ihre Ferien auf den Seychellen verbringen.

Hotels

In den großen Hotels, die meistens von internationalen Konzernen wie Berjaya, Four Seasons, Hilton, Kempinski, Raffles oder Starwood betrieben werden, bekommen die Gäste den Komfort geboten, der weltweit üblich ist: Schwimmbad, Wellnessbereich, Tennis, Abendunterhaltung mit Live-Bands sowie TV, Minibar und Klimaanlage im Zimmer. Im Berjaya Beau Vallon auf Mahé sowie an der Anse Volbert auf Praslin (Casino des Îles) hat man zudem die Möglichkeit, im Kasino sein Urlaubsbudget aufs Spiel zu setzen.

Mehr dem Inselstil angepasst sind die Hotelanlagen auf den kleinen Eilanden, wo es zwar weniger Abwechslung, dafür viel Ruhe und individuellen Service gibt. Auf den Inseln Alphonse, Bird, Chauve Souris, Cousine, Denis, Desroches, Félicité, Frégate, North, Round Island (Mahé und Praslin), Ste. Anne und Silhouette steht jeweils nur eine Unterkunft zur Verfügung, auf Cerf sind es drei, die meist nur mit Vollpension gebucht werden können (ab ca. 300 € pro Tag).

Die schönsten kleinen Hotels

■ Das **Augerine Guesthouse** ist ein kleines zwischen all den größeren Hotels an der Beau Vallon Bay, dafür mitten im Geschehen. › S. 80
■ **Anse Soleil Beachcomber** liegt weit ab von Siedlungen und Hauptstraßen an einem der schönsten Strände im Südwesten Mahés. › S. 89
■ Das kleine Hotel **Le Duc de Praslin**, ebenfalls an der Côte d'Or, wurde 2008 komplett renoviert und zählt zu den besten 4-Sterne-Hotels der Insel. Gutes kreolisches Restaurant. › S. 102
■ **Les Villas d'Or** liegen am längsten und beliebtesten Strand von Praslin, der Côte d'Or, sind bestens ausgestattet – alles Weitere findet man in der Nähe. › S.102
■ Das **Hôtel L'Océan** thront in einem Hang an der Nordspitze von La Digue und bietet herrliche Aussichten. › S. 121

Sonnenbaden im Süßwasserpool der La Digue Island Lodge

Gästehäuser und Pensionen

Persönliche Atmosphäre und mitunter Familienanschluss genießt man
in einem Gästehaus oder einer Privatpension. Dies ist zugleich die
günstigste Art zu wohnen, wobei man z. T. Abstriche beim Komfort machen muss. Die Unterkünfte liegen oft nicht direkt am Strand, nicht
jede hat eine Klimaanlage. Gefördert und nach festen Qualitätskriterien
bewertet werden solche kleineren Unterkünfte unter dem Label »Seychelles Secrets« des Seychelles Tourism Board (www.seychellessecrets.
com). Über die Website kann man auch direkte Buchungsanfragen an
die Häuser richten.

Ferienwohnungen für Selbstversorger

Häufig werden Apartments und Bungalows für Selbstversorger angeboten, die die ganze Bandbreite von der einfachen Hütte bis zur Luxus-
wohnung abdecken. Manche liegen abseits von Strand und Einkaufs-
möglichkeiten, sodass man meistens noch den Preis für einen
Mietwagen einrechnen muss. Ein Ferienbungalow für zwei Personen ist
ab 60 € pro Tag zu haben, Wohnungen sind etwas günstiger.

Ein gedrucktes Unterkunftsverzeichnis ist beim Seychelles Tourist
Office › S. 137 sowie vor Ort an dessen Schalter am Flughafen Mahé
(Ankunftsbereich internationale Flüge) oder im Büro in Victoria › S. 70
erhältlich. Eine detaillierte Unterkunftssuche nach verschiedenen Kri-
terien bietet die offizielle Website www.seychelles.travel.

Land & Leute

Steckbrief][Geschichte im Überblick][
Natur und Umwelt][Die Menschen][
Kunst und Kultur][Feste und
Veranstaltungen][Essen und Trinken

Seychellen

Amtssprachen: Englisch, Französisch,
Kreol Seselwa
Erwerbstätige: 40 000, davon
Dienstleistungen 70%,
Industrie und Handwerk 23%,
Fischerei und Landwirtschaft 2%
Landesvorwahl: 00 248
Währung: Seychellen-Rupie (SCR)
Zeitzone: MEZ plus 3 Std. (ganzjährig)

Fläche: 115 Inseln mit einer Gesamt-
fläche von 455 km²
Hauptinsel: Mahé mit 154 km²
Hauptstadt: Victoria (25 000 Einw.)
auf Mahé
Einwohner: 87 500 insgesamt,
davon Mahé 73 000, Praslin 7200,
La Digue 3200
Religionen: 82% römisch-katholisch,
6% anglikanisch, 12% Freikirchen,
Hindus, Muslime, Bahá'í

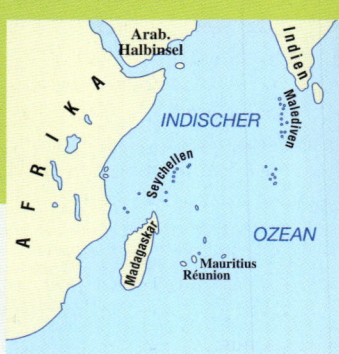

Lage

Die Seychellen liegen im Indischen Ozean, rund 1600 km vor
der Küste Ostafrikas auf der Breite Tansanias. Der Archipel erstreckt sich über 1200 km vom
Aldabra-Atoll im äußersten Südwesten bis zur Insel Bird im Nordosten. Dazwischen verteilen sich
die übrigen 113 Inseln der Seychellen, die zusammen nicht viel
mehr Fläche einnehmen als eine
Stadt wie Bremen. Zwei Gruppen
werden unterschieden: die Inneren und die Äußeren Inseln.

Staatswesen

Die Seychellen sind eine Repu-
blik, die von einem Präsidenten
mit fünfjähriger Amtszeit regiert
wird. Ihm zur Seite stehen der Vizepräsident, acht Minister und ein
Einkammerparlament mit bis zu
35 Abgeordneten. Das Land gehört dem Commonwealth an und
ist Mitglied der UNO.

Erster Präsident nach der Unabhängigkeit 1976 war James R.
Mancham. Nach knapp einjähri-
ger Amtszeit wurde er von seinem
Premier France Albert René und
der Armee gestürzt. René etab-
lierte zunächst mit seiner SPUP –
der späteren *Seychelles People's
Progressive Front* (SPPF) und heu-

tigen *Parti Lepep* (Volkspartei) – ein sozialistisches Einparteiensystem, sah sich aber 1993 auch aufgrund internationalen Drucks gezwungen, wieder eine demokratische Verfassung mit Mehrparteiensystem einzuführen. Im April 2004 gab er sein Amt an Vizepräsident James Alix Michel ab, der 2011 wiedergewählt wurde. Oppositionsparteien sind Manchams DP (Demokratische Partei) und die SNP (Nationalpartei).

Wirtschaft

Die Entwicklungsvoraussetzungen der Seychellen waren schon immer schwierig. In den ersten Jahren ihrer Besiedlung wurden Wälder abgeholzt, doch für eine intensive Landwirtschaft gaben der steinige Boden und die steilen Hänge nicht genügend her, und an Rohstoffen mangelte es. Bis zu Beginn des 20. Jhs. bildeten der Anbau von Vanille und Zimt sowie die Kopraerzeugung noch das ökonomische Rückgrat, doch mangels Rentabilität sind diese Agrarprodukte heute nahezu bedeutungslos. Gut entwickelt hat sich hingegen der Anbau von Tee auf den regenreichen Höhen von Mahé. Neben der Deckung des Eigenbedarfs wird ein großer Teil der Ernte ausgeführt.

Wichtigster Wirtschaftszweig der Seychellen ist – nach dem krisenempfindlichen Tourismus – die Fischerei, die auch hohe Exporterlöse erwirtschaftet. Größtes Industrieunternehmen ist neben der Fischkonservenfabrik Indian Ocean Tuna (IOT) im Hafen von

Victoria die Brauerei SeyBrew. Die Fischereiwirtschaft steht jedoch in jüngerer Zeit unter Druck: Überfischung bedroht die Bestände, bei IOT herrscht Unsicherheit nach diversen Übernahmen durch internationale Konzerne. Der übrige produzierende Sektor ist – bis auf eine Zigarettenfabrik – klein- und mittelständisch strukturiert, mit Bauunternehmen und holzverarbeitenden Betrieben, Kleinwerften und (Kunst-)Handwerk.

Größter Devisenbringer ist der Fremdenverkehr, obwohl die Dimensionen mit rund 6000 Gästebetten und ca. 200 000 Besucherankünften pro Jahr bescheiden sind. Bisher hat man der Versuchung widerstanden, einen Tourismus großen Stils zu etablieren, und setzt, gerade in jüngster Zeit, eher auf Großprojekte im Luxussegment, wo wenige Besucher hohe Einnahmen bringen.

Das größte Problem der Wirtschaftsentwicklung des Inselstaats ist seine hohe Importabhängigkeit, sei es bei Nahrungsmitteln, Kraft- und anderen Rohstoffen, Kfz oder Maschinen. Aufgrund der weiten Transportwege, der relativ kleinen Kontingente und der z.T. immensen Einfuhrzölle ist das Preisniveau unverhältnismäßig hoch. Das bekommen auch Touristen zu spüren, die hier mehr Geld ausgeben müssen als zu Hause oder in den meisten anderen Urlaubsgebieten. Allerdings wurde die Landeswährung auf Druck des IWF Ende 2008 gegenüber den Leitwährungen um rund die Hälfte abgewertet.

Geschichte im Überblick

Vor dem 16. Jh. Die Seychellen sind bis in die Neuzeit hinein unentdeckt und unbesiedelt. Man vermutet, dass in alter Zeit arabische Seefahrer gelandet, aber nicht sesshaft geworden sind.

1502 Vasco da Gama sichtet auf seiner zweiten Indienreise die zu den Seychellen gehörenden Amiranten. Erste Erwähnung der Inseln unter dem Namen Drei Brüder in portugiesischen Seekarten.

1609 Alexander Sharpeigh von der Britischen Ostindien-Gesellschaft gelangt durch Zufall zur Nordgruppe der Seychellen. Sein Bericht im Bordbuch geriet in Vergessenheit, die Inseln blieben weiter unbeachtet.

1742 Der französische Kapitän Lazare Picault entdeckt bei einer Fahrt von der französischen Kolonie Mauritius nach Indien die Granitinseln der Seychellen.

1756 Die Franzosen annektieren die Inseln offiziell und errichten den »Stein der Inbesitznahme« auf Mahé. Der Archipel erhält den Namen »Seychelles« nach einem damals prominenten Grafen.

1768 Erforschung der Inseln durch eine französische Expedition unter Marion Dufresne. Entdeckung der bis dahin unbekannten Seychellennusspalme auf Praslin.

1770 Von der französischen Kolonie Mauritius kommen die ersten Siedler mit ihren Sklaven auf die Mahé vorgelagerte Insel Sainte Anne.

1772 Anlage eines Gewürzgartens an der Anse Royale auf Mahé.

1778 Eine kleine Schutztruppe errichtet ihre Baracken an der Stelle des heutigen Victoria.

1793 Kommandant Quéau de Quinssy kommt als Verwalter nach Mahé. Er untersteht den Kolonialbehörden auf Mauritius.

1810 Die Briten erobern Mauritius. Damit fallen auch die Seychellen kampflos in ihre Hände.

1811 Der erste britische Verwaltungsbeamte übernimmt die Amtsgeschäfte. Da die Inseln für Großbritannien keinen strategischen oder ökonomischen Nutzen bieten, bleiben sie quasi sich selbst und den britischen Verwaltern überlassen. Man legt viele Kokosplantagen an und lebt v.a. vom Kopraexport.

1835 Abschaffung der Sklaverei.

1903 Die Seychellen werden administrativ von Mauritius abgekoppelt und eigenständige Kolonie.

1967 Einführung des allgemeinen Wahlrechts für Volljährige.

1972 Fertigstellung des internationalen Flughafens auf Mahé.

1976 Großbritannien entlässt die Seychellen am 29. Juni in die Unabhängigkeit. Erster Präsident wird James R. Mancham.

1977 Staatsstreich durch France Albert René. Einführung einer

sozialistischen Einparteiendiktatur unter der SPUP, später Seychelles People's Progressive Front (SPPF).
1993 Neue Verfassung mit Mehrparteiensystem. Wahl von France Albert René zum Präsidenten, Wiederwahl 1998 und 2001.
2004 Nachfolger von René wird James Alix Michel (SPPF), heute Parti Lepep (Volkspartei).
2006 Präsident Michel wird im Amt bestätigt.

2008 Abwertung der Landeswährung um rund 50%. Aufhebung des Devisenzwangs für ausländische Besucher.
2011 Präsident Michel wird zum zweiten Mal per Direktwahl mit 56% aller Stimmen für weitere fünf Jahre im Amt bestätigt.
2012 Das südlich der Seychellen havarierte italienische Kreuzfahrtschiff »Costa Allegra« wird in einer spektakulären Rettungsaktion nach Mahé geschleppt.

Natur und Umwelt

Auf den von der übrigen Welt isolierten, bis ins 18. Jh. unbewohnten Seychellen hat die Natur nicht nur eine reiche tropische Flora mit kuriosen Pflanzenarten hervorgebracht die sonst nirgendwo auf der Welt vorkommen. Sie hat auch bewahrt, was auf dem Festland im harten Konkurrenzkampf der Evolution längst untergegangen ist.

Säuger und Reptilien

Als wahrhaft lebende Fossilien erscheinen die Riesenlandschildkröten › S. 129, die schon zur Zeit der Dinosaurier die Erde bevölkerten und beinahe das gleiche Schicksal wie diese erlitten hätten. Einige Exemplare retteten sich auf die Seychellen- (oder auf die Galápagos-)Inseln, und so entging diese Art dem Aussterben. Dementsprechend wirken die Seychellen-Riesenschildkröten in ihrer jetzigen Umgebung wie Wesen aus grauer Vorzeit.

Die einzigen Säugetiere, die schon vor der Ankunft des Menschen hier lebten, sind Seychellen-

Am Tag ruhen sich die Flughunde im Hängen aus

Flughunde *(Pteropus seychellensis)* – endemische pflanzenfressende Fledertiere. Wenn die Flughunde mit ihren rund einen halben Meter weiten Flügeln durch den Abendhimmel flattern, wirken sie wie kleine Vampire, aber sie interessieren sich nur für Früchte. Am liebsten mögen sie Mangos – nicht gerade zur Freude der Baumbesitzer. Diese revanchieren sich, indem sie die Flattertiere trotz Verbots gelegentlich in Netzen fangen und in den Kochtopf stecken. Flughund *(sov souri)* in Weinsoße oder als Curry ist eine Inselspezialität.

Vogelwelt

Da vor der Besiedlung – mit Ausnahme der Flughunde – keine Säugetiere den Weg auf die Seychellen gefunden hatten, traten Vögel umso zahlreicher auf, die auf den Inseln keine natürlichen Feinde kannten. »Sie waren so zutraulich, dass wir sie mit Stöcken von den Zweigen schlagen konnten«, berichteten die ersten Entdecker. Bei diesem Verhalten verwundert es nicht, dass einmalige, nur hier vorkommende Vogelarten entweder ganz ausgerottet worden sind oder nur noch in verschwindend kleinen Restbeständen existieren und damit zu den seltensten Tierarten der Welt zählen. Der Vasapapagei *(black parrot)* im Vallée de Mai auf Praslin gehört ebenso dazu wie der Paradiesschnäpper *(paradise flycatcher)* auf La Digue oder der auf seinen Flügeln weiß getupfte Seychellendajal *(magpie robin)* von Frégate.

   Die Vögel, die Urlauber dagegen häufig zu sehen bekommen, gehören zu den eingeführten Arten. Madagaskarweber *(Madagascar fody)* beispielsweise schwirren überall dort umher, wo es etwas aufzupicken gibt. Während das Weibchen einem Sperling ähnelt, zeigt das Männchen in der Balzzeit eine knallrote Brust. Absolut keine Scheu vor Menschen hat das eifrig nach Brotkrumen suchende Sperbertäubchen *(barred ground dove)*. Auch der lärmende, ursprünglich aus Indien stammende Hirtenstar *(common mynah)* ist meistens nicht weit. Er besitzt ein schwarzes Federkleid, hat weiß gefleckte Flügel sowie einen gelben Augenrand und Schnabel.

   Zahlreich sind die Seevögel auf den Inseln. Die schönsten unter ihnen sind die schneeweißen Feenseeschwalben *(fairy terns)* mit ihren schwarzen Knopfaugen. Sie prangen auch als Emblem auf den Flugzeugen von Air Seychelles. Wie sie den ganzen Tag über miteinander turteln, kann man

Madagaskarweber sieht man überall, wo es etwas aufzupicken gibt

am besten auf den kleinen Inseln Bird, Denis und Frégate beobachten. Feenseeschwalben bauen kein Nest, das Weibchen legt sein Ei einfach auf eine Astgabel, wo es es frei balancierend ausbrütet. Richtige Nester in Erdhöhlen unter Wurzeln oder in Felsen bauen dagegen die Tropikvögel. Wie weiße Kometen gleiten sie mit ihrem fast meterlangen Schwanz hoch über den Baumwipfeln dahin.

Nur auf Aldabra brüten die mächtigen Fregattvögel, die aber häufig auch den nördlichen Inseln

Die Feenschwalbe mit ihren typischen schwarzen Knopfaugen

einen Besuch abstatten. Die geschickten Segler erkennt man an ihrem schwarzen Federkleid mit dem weißen Brustfleck und dem gegabelten Schwanz. Bird Island (die »Vogelinsel«) haben sich die Rußseeschwalben *(sooty terns)* zum Brüten ausgesucht. Eine knappe Million von ihnen findet sich jedes Jahr zwischen Mai und Oktober hier ein. Die schwarz-weißen Bewohner der hohen See legen ihre Eier einfach in den Sand und brüten sie dort aus. Wenn die Rußseeschwalben-Schwärme auffliegen, bilden sie eine dichte Wolke, und ihr Kreischen schwillt zu einem ohrenbetäubenden Lärm an.

Unterwasserwelt

In den Gewässern der Seychellen sind Korallenriffe allgegenwärtig. Zu undurchdringlichen Dickichten sind die weitverzweigten Spitzen der Hornkoralle zusammengewachsen, flache Platten mit einem Fuß bildet die Tischkoralle, und die kugelförmigen Gebilde der Hirnkoralle sehen aus wie riesige, auf den Meeresboden gesunkene Köpfe ohne Schädeldecke.

Noch geben die Korallen einer Unzahl bunter Fische Schutz und Wohnung. An Farbenpracht übertrifft sie alle der blau-orangefarbene Kaiserfisch mit den schwarz-weiß-gelben Streifen. Vornehm und ohne Hast zieht sich der in dezentes Grau gewandete Doktorfisch zurück, der seinen Namen wegen der skalpellartigen Fortsätze an seiner Schwanzwurzel erhielt. Mit ihren spitzen Mäulern picken die zitronengelben Pinzettfische in Ritzen und Löchern nach Nahrung. Rastlos tätig ist der blaugrüne Papageienfisch. Während er mit seinem schnabelartigen Gebiss die Korallen benagt, gibt er den unverdaulichen Rest rückwärts wieder ab, eine »Auspufffahne« hinter sich her ziehend.

Scheinbar untätig und aufgeputzt wie eine Diva verharrt in Nischen und Höhlen der Rotfeuerfisch. Seine enormen Flossen umwallen ihn

Gefährliche Schönheit: der Rotfeuerfisch

wie eine Federboa. Sie zu berühren, bedeutet Lebensgefahr: das Gift seiner verborgenen Stacheln kann selbst Menschen töten. Ebenfalls in trügerischer Ruhe auf Korallenbänken herumliegen sieht man den rot gepunkteten Pfauenaugenbarsch. Wehe dem unachtsamen Fischchen, das in seinen Aktionsbereich gerät! Blitzschnell kann der Pfauenaugenbarsch vorpreschen und zuschnappen. Eine ähnliche Taktik verfolgt der raffinierte spindeldürre Trompetenfisch. Er stellt sich entweder senkrecht zwischen Wasserpflanzen auf, um wie ein harmloser Stängel unter vielen anderen zu wirken, oder er schmiegt sich derart eng an den gutmütigen Papageienfisch, dass er als dessen Rückenflosse gelten könnte.

Eine andere Gefahr droht kleinen Fischen von der Seeanemone. Mit blassgelben Nesselfingern versucht sie, nach ihnen zu greifen. Machtlos ist sie nur gegen die putzigen Clownfische und die schwarz-weißen Preußenfische, die – ohne Schaden zu nehmen – bei Gefahr zwischen den Nesselfingern entkommen. Als Barbiere des Korallenriffs sind die schlanken, unscheinbaren Putzerfische tätig. An ihrem Stammplatz erhalten sie fortwährend Besuch größerer Artgenossen, die sich nicht nur gerne von ihren scharfen Zähnen die Schmarotzer aus der Haut rasieren lassen, sondern sogar zur Reinigungsarbeit ihr geöffnetes Maul darbieten.

Jede Wohngemeinschaft des Korallenriffs bleibt in der Nähe ihres angestammten Reviers. Notfalls ist bei drohenden Gefahren schnell das rettende Schlupfloch erreichbar. Da patrouillieren mächtige Stachelmakrelen in Dreiergruppen die Riffkante ab, kräftige Barsche stehen lauernd an der Rifföffnung, und der Weißspitzenhai zieht erwartungsvoll seine Runden.

Buch-Tipp Meeresfauna: Fische – Rotes Meer/Indischer Ozean von Helmut Göthel stellt über 390 Meeresbewohner-Arten der Region vor (Godet Naturführer, Ulmer 2003).

Endemische Flora

Zwar besitzen die ausreichend mit Niederschlag versorgten Seychellen-Inseln eine dichte Vegetation, aber wie in der Tierwelt hinterließen die französischen Kolonisatoren auch in der Pflanzenwelt ihre Spuren. So wurden die ehemals prächtigen, aus uralten, nur hier vorkommenden Bäumen bestehenden Wälder abgeholzt und nach Europa verkauft.

Endemische Arten wie Rotholz- *(bwa rouz)*, Eisenholz- *(bwa fer)* oder der Zopfbaum *(bwa nat)* wachsen nur noch in einzelnen Exemplaren an unzugänglichen Stellen. Nicht angetastet wurde glücklicherweise die größte Rarität, der Bestand an Seychellennusspalmen 〉 S. 106 auf Praslin und Curieuse. Einen Baum, den man bereits für ausgestorben hielt, entdeckte man in den 1970er-Jahren in den Bergen von Mahé wieder: den Quallenbaum *(bwa mediz)*.

Zahlreiche weitere endemische Pflanzen – manche von ihnen weder auffallend noch besonders attraktiv – sind auf den Seychellen zu finden, für die sich vor allem Botaniker interessieren.

Zwei Rankengewächse werden dagegen auch Touristen erfreuen, sofern sie sich auf die Suche nach ihnen begeben. Das eine ist die endemische (wilde) Vanille, die keine Blätter besitzt, sondern nur aus dicken, fleischigen Stängeln besteht, aus denen eine der schönsten Wildblüten der Seychellen wächst. Sie bildet einen kelchförmigen, cremefarbenen Stern, der zum Stiel hin in ein zartes Lachsrot übergeht. Dieses Or-

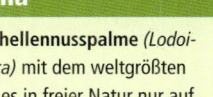
Raritäten aus Flora und Fauna

■ Die **Seychellennusspalme** *(Lodoicea maldivica)* mit dem weltgrößten Samen gibt es in freier Natur nur auf Praslin und Curieuse.

■ Den **Quallenbaum** *(Medusagyne oppositifolia)*, den man bis 1970 bereits ausgestorben wähnte und der eine eigene Pflanzenfamilie bildet, sieht man ausschließlich in den Bergwäldern von Mahé.

■ Die fleischfressende **Kannenpflanze** *(Nepenthes pervillei)* findet man nur auf Mahé und Silhouette in Höhen über 350 m.

■ Der elsterähnliche **Seychellendajal** *(Copsychus sechellarum)*, auch Schamadrossel genannt, der schon kurz vor dem Aussterben war, lebt hauptsächlich auf Frégate, aber auch auf Cousin, Cousine und Aride.

■ Dem **Paradiesschnäpper** *(Terpsiphone corvina)* hat man ein Schutzgebiet auf La Digue eingerichtet, wo er auf Bäumen lebt.

■ Den scheuen braunschwarzen **Vasapapagei** *(Coracopsis nigra barklyi)* kann man mit sehr viel Glück im Vallée de Mai auf Praslin zu Gesicht bekommen.

Der Anbau von Vanille ist stark zurückgegangen

chideengewächs gedeiht häufig auf kahlen Felsflächen. Im Gegensatz zur Echten Vanille ❯ S. 118 sind die Früchte der endemischen Vanille ungenießbar.

Das andere bemerkenswerte Rankengewächs ist die nur auf Mahé und Silhouette vorkommende fleischfressende Kannenpflanze *(pitcher plant)*. Ihre Blattenden sind zu schnapsglasgroßen Bechern ausgeformt. Deren Deckel dient nicht etwa zum Fliegenfang, sondern als Regenschutz für den klebrigen Saft am Grund des Bechers, der die Insekten festhält und anschließend zersetzt.

Wie der Zimt auf die Seychellen kam

Gewürze galten einst als Kostbarkeit: Die großen Forschungsreisen zu Beginn des 16. Jhs. wurden vor allem unternommen, um die Herkunftsländer von Zimt und Pfeffer, Muskat und Nelken zu suchen – und schließlich in Indien, Ceylon und den Molukken zu finden. All diese Gebiete gingen allmählich in den Besitz der geschäftstüchtigen Niederländer über, die sich damit bis ins 18. Jh. ein Monopol in dieser Branche sicherten. Sie verhängten sogar die Todesstrafe über jene, die es wagten, Gewürzpflanzen außer Landes zu schmuggeln.

Gewürze für teures Geld bei ihren ungeliebten Nachbarn kaufen zu müssen, war vor allem den Franzosen ein Dorn im Auge. Deshalb beschlossen sie, diese in ihren eigenen Kolonien zu züchten und den Grundstock dafür auf illegalem Weg aus den niederländischen Besitzungen zu beschaffen. Die französische Krone beauftragte damit den Intendanten ihrer Besitzungen im Indischen Ozean, der allein schon wegen seines Namens, Pierre Poivre (Peter Pfeffer), für diese Aufgabe wie geschaffen schien. Tatsächlich gelang es ihm, die gewünschten Setzlinge aufzutreiben und sie 1772 auf Mauritius, La Réunion und den Seychellen anzupflanzen. Auf Mahé ließ er dazu an der Anse Royale den »Jardin du Roi« (»Garten des Königs« ❯ S. 92) anlegen mit je einer Parzelle für Muskat, Gewürznelken, Pfeffer und Zimt. Leider gediehen die Pflanzen nicht wie geplant. Lediglich dem Zimt gefiel es auf der Insel so gut, dass er sich in kurzer Zeit schon wild verbreitet hatte. Man findet den unscheinbaren hellen Strauch, aus dessen Rinde das Gewürz gewonnen wird, heutzutage überall in den Wäldern. Trug bis zu Beginn des letzten Jahrhunderts die Zimtherstellung noch wesentlich zur Wirtschaft des Landes bei, ist sie heute kaum noch rentabel.

Nutz- und Fruchtpflanzen

Die meisten tropischen Nutz- und Fruchtpflanzen gedeihen auf den Seychellen: Ananas, Bananen, Avocados, Auberginen, Mangos, Papayas, Passionsfrucht, Jamalak, Brot- und Jackfrüchte, Kürbisse, Cashewnüsse, Tee, Zitronengras, Gewürznelken sowie Zuckerrohr, aus dem der einheimische Schnaps *Bacca* gebrannt wird. Einen Großteil der Anbaufläche nehmen Kokosplantagen ein, denn Kopra war einst der Hauptexportartikel. Heute sind die meisten wegen mangelnder Ren-

Früchteparadies Seychellen

dite aufgegeben. Fast überall hat sich der importierte Zimt ❯ S. 48 verbreitet. Die Sträucher haben eine helle Rinde sowie glänzende, glatte Blätter, die beim Zerreiben den typischen Zimtduft verströmen. Aus der Rinde gewinnt man die Zimtstangen, aus den Blättern Öl.

In den Wäldern fallen von den importierten Hölzern v.a. die Albizien auf, erkennbar an ihrem mächtigen, schirmartigen Blätterdach und dem weißgrauen Stamm, die Drachenblutbäume mit ihren großen, kantigen Brettwurzeln sowie die Banyanbäume, die ihre zahlreichen Luftwurzeln zur Erde herniederlassen. Banyanbäume beginnen ihr Leben als Parasiten. Vögel verbreiten den Samen auf andere Bäume, wo er Wurzeln schlägt und mit der Zeit die Wirtspflanze erdrückt.

Buch-Tipp **Farbatlas Exotische Früchte – Obst und Gemüse der Tropen und Subtropen** von Rolf Blancke (Ulmer 2000).

Naturgefährdung und Umweltschutz

Dass die Natur ein unwiederbringliches Kapital der Seychellen ist, hat die Regierung erkannt und Maßnahmen zu deren Schutz ergriffen. Stolz weist man darauf hin, dass fast die Hälfte des Landes unter Naturschutz steht. Den größten Teil davon nimmt allein Aldabra ein, außerdem gehören unter anderem die Inseln Aride, Curieuse, Cousin, der größte Teil von Silhouette sowie die Waldgebiete um den Morne Seychellois auf Mahé und das Vallée de Mai auf Praslin dazu.

Auch Unterwassergebiete sind geschützt, zum Beispiel das des Sainte Anne Marine National Park vor Mahé oder das der Meerenge zwischen Praslin und Curieuse. Dennoch muss man sich um die ökologisch wertvollen Korallenriffe sorgen: Neuere Forschungen haben ergeben, dass Korallen keine Wassertemperaturen über 29 °C vertragen. Bereits 1998 registrierte man jedoch im Indischen Ozean erheblich höhere Werte und als Folge nachhaltige Schädigungen: ausgebleichte, d.h. abgestorbene Korallenstöcke sind inzwischen keine Seltenheit mehr. Auf den Seychellen begegnet man diesem Problem mit der Verankerung von Kunstriffen, auf denen neue Korallen angepflanzt werden.

Natürlich stehen alle seltenen Tier- und Pflanzenarten unter Schutz sowie alle Bäume im Bereich eines Bachlaufs. Nicht erlaubt sind das Abbrechen von Korallen sowie das Sammeln von Muscheln und Schnecken. Überall bittet man auf Hinweisschildern, keinen Abfall zu hinterlassen. Diese Maßnahmen, zusammen mit einem bisher relativ sanften Tourismus, lassen hoffen, dass die Einmaligkeit der Landschaft der Seychellen noch lange bewahrt bleibt.

Die Menschen

Die Seychellen zählen rund 85 000 Einwohner, das jährliche Bevölkerungswachstum bewegt sich bei durchschnittlich 1%. Die *Seselwa*, wie sie sich selbst nennen, stammen von französischen Kolonisten und ihren afrikanischen Sklaven ab, die gegen Ende des 18. Jhs. die damals unbewohnten Inseln besiedelten. Im Laufe der Zeit haben sie sich miteinander vermischt, und so findet man sehr dunkle Hautfarben nur selten. Auffällig ist hingegen das häufige Auftreten von blauen oder relativ hellen Augen – vielleicht ein Hinweis darauf, dass die französischen Siedler vorwiegend von der nördlichen Atlantikküste stammten. Obwohl später noch Briten sowie Inder und Chinesen einwanderten, blieb die Gesellschaft französisch geprägt.

Rund 90% der Seycheller gehören der katholischen Kirche an. Ein Eheleben mit Trauschein ist aber nicht unbedingt die Regel. Dies liegt vor allem an den Männern, die ihre Familienpflichten gerne vernachlässigen. So haben viele Frauen uneheliche Kinder, die gewöhnlich bei der Großmutter aufwachsen oder von älteren Geschwistern betreut werden, während die Mutter zur Arbeit geht. Solche Verhältnisse gelten nicht als ehrenrührig und sind beinahe schon selbstverständlich.

Für alle Kinder zwischen sechs und sechzehn Jahren besteht Schulpflicht. Die weiterführende Polytechnische Schule, zu der auch die Hotelfachschule gehört, dient der Berufsausbildung und der Erlangung der Hochschulreife nach britischem Standard. Die University of Seychelles oder UniSey (gegründet 2009) verleiht britische Bachelor-Abschlüsse.

Im 21. Jh. ist auf den Inseln im Vergleich zu anderen afrikanischen Ländern ein gewisser Wohlstand zu verzeichnen, das Bruttoinlandsprodukt pro Kopf liegt sogar höher als das mancher europäischer Staaten.

Fremden gegenüber üben die Seycheller eher Zurückhaltung, aber
wenn diese den ersten Schritt tun,
ist das Eis schnell gebrochen.

Sprache

Die Muttersprache der Seselwa ist
die gleichnamige Kreolsprache.
Sie entwickelte sich aus dem Kau-
derwelsch, in dem die französischen Kolonialherren und ihre
aus verschiedenen Teilen Afrikas
stammenden Sklaven miteinander zu kommunizieren versuch-
ten. Der Wortschatz enthält afrikanische, hauptsächlich aber

Für die katholischen Seycheller
gehört die Erstkommunion zu den
wichtigsten Festen

französische Ausdrücke, die zum Teil inzwischen so verändert wurden,
dass selbst Franzosen Schwierigkeiten haben, die Sprache zu verstehen.

Nach der Unabhängigkeit von der britischen Kolonialherrschaft gab
sich der neue Staat gleich drei Amtssprachen: Englisch aus praktischen
Gründen, Französisch aus Tradition und die von den Kolonialherren
unterdrückte Alltagssprache *Kreol Seselwa* zur Betonung der Eigenstän-
digkeit. Um es auch im Unterricht zu lehren, legte man in den folgenden Jahren eine einheitliche Schriftform fest. Sie erscheint inzwischen
auch auf Briefmarken, Geldscheinen und Hinweisschildern sowie in
Zeitungen, Büchern, offiziellen Verlautbarungen sowie im Fernsehen.

Von der Grammatik her ist die Sprache schnell zu begreifen, denn
alles, was sonst das Erlernen von Fremdsprachen erschwert, entfällt
weitgehend oder ist durch einfache Regeln ersetzt. So existieren die
Verben meistens nur in der Grundform, die durch Voranstellen der
persönlichen Fürwörter *mon* (ich), *ou* (du), *i* (er) usw. konjugiert werden, z.B.: *Mon pa koz kreol* = Ich spreche nicht Kreolisch. *Kimanyer ou
apele?* = Wie heißt du? *Keler bis i ale?* = Wann fährt der Bus?

Um die Zukunft zu bestimmen, setzt man lediglich ein *pou* vor das
Verb: *Lapli pou tombe* = Es wird regnen. Die Vergangenheit wird durch
ein *ti* vor dem Verb zum Ausdruck gebracht. So fangen auf den Seychellen viele Märchen mit dem Satz an: *Ti annan en fwa en Soungoula …* =
Es war einmal ein Soungoula …

In einem Land, das kaum mehr Einwohner besitzt als eine europäische
Provinzstadt und auf gerade 200 Jahre Geschichte zurückblickt, konnte
und kann die Kultur sich nicht in dem Maße wie in Europa entwickeln,
zumal viele Menschen sich mehr schlecht als recht durchs Leben schlagen und deshalb andere Schwerpunkte setzen müssen. So sind es lediglich kleine Schätze, die es zu entdecken gilt.

Kunst und Kultur

Architektur

Die großzügig konzipierten Kolonial- und Pflanzerhäuser aus dem
19. Jh. fügen sich harmonisch in die tropische Landschaft ein. Eine
Freitreppe führt über die breite, häufig umlaufende Veranda in das auf
Steinsockel gestellte Holzhaus. Diese Bauweise sowie die Anordnung
zahlreicher, sich jeweils gegenüberliegender Klappfenster gewährleisten
eine gute Durchlüftung und somit eine angenehme Raumtemperatur.
Schmucke Gauben verleihen den Gebäuden ein gefälliges Aussehen, die
häufig verwendeten Palmenblattdächer wurden in jüngerer Zeit jedoch
durch eine kostengünstigere Wellblechbedachung ersetzt.

Mehrere gut erhaltene Kolonialhäuser gibt es an der Ostseite von
Mahé: das Lenstiti Kreol südlich des Flughafens, südlich davon das
Haus im Vilaz Artizanal (Craft Village), das La Plaine St. André Öko-
museum und die Auberge de Bougainville (Anse Royale). Auch das alte
Gerichtsgebäude in Victoria sowie ein paar Schritte weiter das Histori-
sche Museum am State House Park – beides Nationaldenkmäler – sind
gute Beispiele für die Architektur der Kolonialzeit. Zu den schönsten
Häusern dieser Epoche gehört auch das Pflanzerhaus auf Silhouette.

Musik, Tanz und Theater

Zum traditionellen Kulturgut der Seychellen sind auch Musik und Tän-
ze zu rechnen. Ein typisches Beispiel dafür ist die schwermütige *Moutia*, eine Mischung aus Gesang und Tanz. Am lodernden Lagerfeuer

Typische Kolonialarchitektur auf La Digue

werden zunächst die großen, tamburinförmigen Trommeln gestimmt, die die improvisierten, von Männern und Frauen im Wechsel vorgetragenen Gesänge rhythmisch untermalen. Die Lieder erzählen von persönlichen Erlebnissen, Sorgen und Nöten. Allmählich verfallen die Akteure in Tanzschritte und versetzen sich im Laufe des Abends in eine Art Trance.

Die Moutia, die zur Sklavenzeit weit verbreitet war, verliert mittlerweile immer mehr an Bedeutung und lebt höchstens noch in den Shows weiter, die Touristen in den Hotels als Abendunterhaltung dargeboten werden.

In der einheimischen Musik durchgesetzt und fast schon zum Nationaltanz entwickelt hat sich dagegen die *Sega*. Der aufmunternde Rhythmus animiert geradezu zum Tanzen. Die Paare drehen sich in kleinen Schritten umeinander und versuchen, ihrer Freude am Partner Ausdruck zu verleihen, ohne ihn zu berühren. Ursprünglich begleiteten Gesang, Tamburintrommeln, Triangel und Rasseln die Sega. Heute spielt man sie auf allen modernen Instrumenten, und jede Tanzband hat Sega-Stücke im Repertoire, mitunter aufgepeppt und den aktuellen Diskohits angepasst.

Eine lustige Mischung aus europäischen und afrikanischen Einflüssen bieten die *Kamtole*-Bands mit ihrer Musik, die auf die im 18. Jh. so beliebten Contredanses zurückgeht. Die kleinen Orchester sind traditionsgemäß

Bedeutende Künstler

■ Zeichnungen, Radierungen und Aquarelle von **George Camille** findet man in Victoria im Sunstroke Studio ❯ S. 72 und in seinem Haus Kaz Zanana, Revolution Ave. sowie auf La Digue.

■ Bildhauer **Tom Bowers** modelliert an der Anse à la Mouche auf Mahé Mensch und Tier in Kunstharz und stellt davon Bronzeabgüsse her. ❯ S. 87

■ Maler **Michael Adams** wohnt und arbeitet an der Anse aux Poules Bleues auf Mahé. Zu kaufen sind meist nur Drucke. ❯ S. 89

■ **Donald Adelaide** schafft und verkauft in Baie Lazare, an Mahés Westküste, neben Drucken auch Originale seiner Meer- und Landschaftsbilder. ❯ S. 89

■ Der italienisch-deutsche **Antonio Filippin** schnitzt an der Anse Gouvernement auf Mahé Holzplastiken mit oft kurvenreichen Frauenkörpern. ❯ S. 89

■ **Gerard Devoud** verkauft seine Aquarelle an der Baie Lazare neben dem Valmer Resort, das er größtenteils gestaltet hat, und in Les Mamelles. ❯ S. 89/91

■ **Colbert Nourrice**, der mit viel Symbolik den Alltag und das Verhältnis von Mensch und Natur auf die Leinwand bringt, hat sein Atelier im Künstlerdorf Domaine de Val des Près auf Mahé. ❯ S. 92

■ **Barbara Jenson** arbeitet am Strand der Anse de la Réunion auf La Digue mit diversen Techniken. Ihre Werke kann man in der Galerie nebenan erstehen. ❯ S. 117

Michael Adams bei der Arbeit an seinen farbenfrohen Gemälden

mit Geige, Banjo und Ziehharmonika besetzt. Was sie spielen, klingt wie Squaredance-Musik. Bislang gibt es, besonders auf Praslin, noch einige Kapellen, die diesen Musikstil pflegen.

Vorwiegend afrikanischer Tradition scheint die Freude am Theaterspielen zu entspringen. So ist es nicht überraschend, dass auf Mahé des Öfteren Stücke aufgeführt werden, die von talentierten einheimischen Autoren stammen oder aus dem Französischen ins Kreolische übersetzt sind. Größere Theatersäle gibt es im Maison du Peuple in Victoria sowie in den Hochschulen von Mont Fleuri und Anse Royale.

Bildende Kunst

Malerei und Skulptur erhielten auf den Seychellen erst Anstöße durch einige Europäer, die sich in jüngerer Zeit hier niederließen. Mehrere einheimische Maler arbeiteten zunächst in der Art des schon vor der Unabhängigkeit des Landes zugewanderten gebürtigen Engländers Michael Adams (geb. 1937), der es versteht, den Alltag der Seycheller und das flirrende Licht und die Farbigkeit der tropischen Vegetation überzeugend auf die Leinwand zu bringen, doch inzwischen haben seine Epigonen fast alle ihren eigenen Stil entwickelt.

Dass die auf Mahé geborene Christine Harter ein Wandgemälde im Beau Vallon Bay Hotel schuf und Skulpturen von Tom Bowers aus London verschiedene Hotels zieren, ließ die Kunst aufblühen.

Der Erfolg der bekannten Künstler hat viele Seycheller dazu ermutigt, sich auch in diesem Metier zu versuchen. Es wurde ein Verein gegründet, der junge Anfänger fördert, Ausstellungen organisiert und Preise verleiht. Auch die Regierung ist der Kunst gegenüber aufgeschlossen. Sie vergibt Aufträge an Künstler und hat das Kulturzentrum im repräsentativen Bibliotheksgebäude in Victoria für Ausstellungen, Aufführungen und Konzerte eingerichtet.

Man kann vielen Künstlern zwar im eigenen Atelier über die Schulter schauen, doch mittlerweile gibt es auf den drei Hauptinseln auch eine Reihe von Galerien, in denen diverse lokale Künstler ihre Werke ausstellen, z.B. das Carrefour des Arts oder das Kenwyn House in Victoria auf Mahé.

Feste und Veranstaltungen

Auf den Seychellen reicht die Bandbreite an Veranstaltungen von traditionellen Festen und Festivals bis hin zu exklusiven Sportevents.

⚠️ Nicht alle unten gelisteten Veranstaltungen finden jährlich statt.

Festkalender

Februar: Der **Eco-Friendly Marathon** um die Nordhalbinsel von Mahé steht seit 2008 auf dem Sportveranstaltungskalender, das Teilnehmerfeld ist international (www.seychellesmarathon.com). Seit 2011 wird der **Karneval** alljährlich an einem Februar-Wochenende mit Gästen aus aller Welt in Form eines großen Umzugs durch Victoria inklusive Rahmenprogramm gefeiert.

Mai: Die **Seychelles Regatta** für Katamarane inklusive Hochseeangelwettbewerb richtet sich eher an Betuchte, doch Zuschauen kann auch Spaß machen.

25. Mai: Der Afrikatag wird seit 1999 auch auf den Seychellen als **FetAfrik** mit vielen Künstlern, auch aus dem Ausland, gefeiert.

18. Juni: Nationalfeiertag mit Umzug in Victoria sowie politischen Kundgebungen im Stadion, die von Show- und Sportveranstaltungen umrahmt werden.

Juli/August: Die **Seychelles Round Table Regatta** ist nicht nur ein Segelwettbewerb, sondern auch ein zweitägiges Volksfest am Strand von Beau Vallon.

15. August: Das Fest **Mariä Himmelfahrt** wird besonders auf La Digue gefeiert mit Messe, Prozession und einem Volksfest.

Beim Festival Kreol auf Praslin

August/September: Das **Windsurfing and Kite Surfing Race** beginnt am Seychelles Yacht Club im Hafen von Victoria.

Ende Oktober: Besonders engagiert wird der internationale »Tag der kreolischen Kultur« auf den Seychellen begangen, wo man ihn seit 1985 auf eine ganze Woche zum **Festival Kreol** ausdehnt. Länder vom Indischen Ozean bis in die Karibik tauschen Künstler aus, und es wird alles aufgeboten, was mit Kultur und Tradition zu tun hat: Musik und Tanz, Wettbewerbe, Kunstausstellungen, Theater, Lesungen, Umzüge sowie Kongresse, auf denen man sich u.a. Gedanken zur Bewahrung der kreolischen Sprachen macht. Touristen können leicht teilhaben, da die meisten Veranstaltungen ohnehin in den großen Hotels auf Mahé sowie im Lenstiti Kreol stattfinden.

November: SUBIOS ist ein einwöchiges Unterwasserfestival mit Wettbewerben, Vorträgen, Filmen und Diavorführungen sowie Tauchgängen (www.subios.com).

Oktober bis Dezember: Erstkommunionfeiern überall im Land. Hierzu werden die Kommunikanten liebevoll ausgestattet. Es lohnt sich, in dieser Zeit an Sonntagen die Augen offen zu halten oder auch Gottesdienste zu besuchen.

Essen und Trinken

Im Hotel

In den Hotels serviert man vor allem europäische Küche, oft als Buffet. Als Nachtisch sind neben frischem Fruchtsalat auch gebackene Bananen empfehlenswert. Das Standardfrühstück im Hotel gibt sich oft englisch: Toast, gesalzene Butter, Konfitüre, Eier mit Bacon oder Ham.

Der Beitrag der Seychellen auf der Hotel-Speisekarte besteht neben fangfrischem Fisch insbesondere aus Tropenfrüchten: Ananas, Papaya, Mango, Banane oder Maracuja. Auch die vorzüglichen Schwarztee-Sorten, z.B. mit Vanillearoma, stammen aus einheimischer Produktion.

Restaurants

Wer nicht in einer kleinen Familienpension wohnt, in der meist einheimische Kost serviert wird, kann sich in vielen der Inselrestaurants mit der kreolischen Küche › S. 58 vertraut machen, die afrikanische und indische, französische und britische Einflüsse kombiniert. Auch wenn die Preise relativ hoch sind, lohnt es sich, vor Ort Neues zu probieren.

⚠ Da die meisten Restaurants nur wenige Sitzplätze haben, empfiehlt sich abends und an Wochenenden eine Reservierung.

Einheimische Getränke

An alkoholischen Getränken gibt es eine recht große Auswahl. Gut mundet das in deutscher Lizenz gebraute Bier (SeyBrew, EKU). Aus Frankreich oder Südafrika stammen die nicht gerade billigen Weine, die in den Hotels und Restaurants offeriert werden. Noch tiefer in die Tasche greifen muss man für stärkere Getränke und Cocktails.

Besonders nachhaltige Wirkung haben zwei Lieblingsgetränke der Einheimischen: *Calou*, ein aus Blütenständen der Kokospalme gewonnener und vergorener Wein, und der rumähnliche *Bacca* aus Zuckerrohr.

Die angebotenen alkoholfreien Getränke stammen überwiegend aus einheimischer Produktion. Fruchtsäfte kommen fast immer aus der Konserve, und oft handelt es sich nur um Nektar. Dabei gibt es so erfrischende Köstlichkeiten wie frisch gepressten Limonen- oder Maracujasaft – man muss nur danach fragen.

Wer etwas für sein Wohlbefinden und einen guten Schlaf tun will, der beschließt sein Abendessen mit einem aus frischem Zitronengras aufgebrühten Citronelle-Tee.

Die besten kreolischen Restaurants

■ **Marie Antoinette**, ein beliebtes, etwas schrulliges Restaurant in einem historischen Gebäude außerhalb von Victoria, mit seit 1972 fast unveränderter Speisekarte. › S. 75

■ **La Perle Noire**, das Top-Restaurant an Mahés Beau Vallon Bay, ist bekannt für seine hervorragenden landestypischen Fischgerichte. › S. 81

■ **Chez Batista** serviert fangfrischen Fisch und Hummer sowie kreolische Küche an Tischen, die einfach unter einem Holzdach im Sand der Anse Takamaka, Mahé stehen. › S. 90

■ **Kaz Kreol** ist ein ausgezeichnetes Restaurant unter deutscher Leitung mit leckerem Essen, ausgezeichnetem Service und hervorragendem Preis-Leistungs-Verhältnis. › S. 93

■ **Le Chevalier Bay** bietet ein breites Angebot von kreolisch bis Burger, direkt an Praslins Bilderbuchstrand Anse Lazio. › S. 101

■ **Tarte Mimi** ist ein attraktives gehoberes Restaurant im Kolonialhaus des Spielkasinos an der Côte d'Or von Praslin. › S. 102

■ **Zerof**, ein originelles Gartenlokal, tischt preiswerte kreolische Gerichte auf in der Nähe der Anse de la Réunion, La Digue. › S. 117

Gaumenfreuden aus drei Kontinenten

Genau wie die Bevölkerung der Seychellen spiegelt auch die Küche Einflüsse aus hauptsächlich drei Kontinenten wider: Europa, Afrika und Asien. Grundlage der Speisen sind natürlich Zutaten, die das Land und der Ozean in Hülle und Fülle bieten. Es wird nicht viele Länder auf der Welt geben, in denen man Fisch und Meeresfrüchte so frisch und in solcher Vielfalt bekommt wie auf den Seychellen – sei es Thunfisch, Bonito, Zackenbarsch, Roter Schnapper, Barrakuda, Königsmakrele, Hummer oder Tintenfisch, um nur die bekanntesten zu nennen. Fisch wird gegrillt, gekocht und gebacken, meistens jedoch klein gewür-

felt und in Form eines Currys angerichtet.

Vor allem hier zeigt sich der indische Einfluss. Als Grundlage für Currys dienen außerdem auch Huhn, Schwein – und als Besonderheit Flughund › S. 43.

Die Beilagen bestehen aus Reis, einer scharf gewürzten Currysoße und verschiedenen Gemüsesorten sowie einem Schälchen Chilisoße zum Nachwürzen. Aber Vorsicht,

Spezialitäten der Inselküche

- *pwason sale* – gesalzener Trockenfisch
- *pwason griye* – gegrillter Fisch, mariniert in Knoblauch, Ingwer, Zwiebeln und Pfefferschoten
- *kari zourit* – kremiges Tintenfischcurry
- *lasoup tektek* – Suppe aus winzigen Muscheln (Tec-Tec), die mit Kürbis zubereitet werden
- *bouyon bred* – Spinatsuppe
- *satinis* – Chutneys aus Obst, Gemüse und Fisch

ein europäischer Gaumen verträgt normalerweise wirklich nur eine Löffelspitze davon! Wenn's dennoch zu stark auf der Zunge brennt, nie mit Wasser nachspülen, sondern lieber Reis essen.

Weniger scharf ist normalerweise die *Creole Sauce,* die hauptsächlich aus Tomaten besteht. Eine weitere Spezialität ist die *Tectec*-Suppe, die als Einlage winzige Muscheln enthält.

Rezept zum Nachkochen

Kari Zourit (Tintenfischcurry)
Rezept nach einem Vorschlag des Les Lauriers, Praslin
Zutaten (für 6 Pers.):
1 kg bissfest (vor-)gekochter Tintenfisch in Stücken · 2 Dosen Kokosmilch · 2 große Auberginen, gewürfelt · 3 TL Safran bzw. Kurkuma (Gelbwurz) · 1 TL Currypulver · 1 Prise Kreuzkümmelpulver· 4 Knoblauchzehen, gerieben · 1 kleines Stück geriebenen Ingwer · 5 Zimtblätter oder etwas Zimtrinde · Salz und Pfeffer · Bratöl (kein Olivenöl)
Zubereitung: Das Öl in einer großen Pfanne erhitzen und Safran, Curry, Ingwer, Knoblauch sowie Zimtblätter kurz schwenken. Salzen und pfeffern. Die Tintenfischstücke zugeben und ebenfalls anbraten. Nach und nach die Kokosmilch angießen, bis die Zutaten bedeckt sind, dann alles gut mischen. Ca. 15 Min. köcheln lassen und darauf achten, dass nichts anbrennt. Dann die Auberginenwürfel zugeben und alles weiter köcheln lassen, bis die Aubergi-

nenstücke weich sind. Mit Salz, Pfeffer und Curry abschmecken. Am Schluss sollte die Kokosmilch auf die Hälfte reduziert sein. Dazu Basmati-Reis servieren.

Essbare Souvenirs

Wer im Seychellen-Urlaub auf den Geschmack gekommen ist und noch ein wenig Freigepäck beim Rückflug hat, kann Seychellen-Fische auch bequem im Koffer mit nach Hause nehmen. Eingewickelt in Plastiktüten und Handtücher überstehen sie den zehnstündigen Flug im kalten Laderaum des Flugzeugs normalerweise problemlos, und zu Hause kann man sie dann in der Tiefkühltruhe oder im Gefrierschrank mehrere Monate lang lagern. Man sollte sich aber beim Kauf eine Ausfuhrgenehmigung ausstellen lassen, um bei der Einreise Probleme beim Zoll zu vermeiden.

Die Gewürzmischung für die Currysoße (dazu gehören u.a. Gelbwurz, Ingwer, Kardamom, Knoblauch, Koriander, Kümmel, Pfeffer, Senfkörner und nicht zuletzt Chili) wird von den Einheimischen meist individuell zusammengestellt, man bekommt sie aber auch fertig zu kaufen, z.B. auf dem Markt in Victoria.

Die übrigen Zutaten sind auch in Europa in vielen Supermärkten erhältlich. Wenn man sie dort nicht findet, sollte man einmal in einem Asiengeschäft nachfragen. **Buch-Tipp** Mohamad N. Asfahani: **Mauritische Küche,** SV 2001. Kreolische Rezepte von Mauritius bis zu den Seychellen.

Unterwegs auf den Seychellen

Entdecken Sie die einzelnen Reiseregionen –
jeweils mit den schönsten Touren, allem Sehens-
und Erlebenswerten, Hotel-, Restaurant-,
Nightlife- und Shoppingtipps

Mahé

Nicht verpassen!

- In der Tea Tavern an der Tea Factory einheimischen Tee und zugleich die Aussicht auf die Westküste genießen
- Bei Kreolfleurage den Duft der Inseln in Parfümfläschchen mitnehmen
- Im Maison de Coco staunen, was man alles aus einer Kokospalme herstellen kann
- Den Straßenmarkt Labrin am Mittwochabend in Beau Vallon mit anschließendem Strandpicknick erleben

Zur Orientierung

Neun von zehn Seychellern leben auf Mahé, davon wiederum ein Drittel rund um die Hauptstadt Victoria. Auch der internationale Flughafen und der einzige Tiefseehafen sind hier zu finden, die größten Hotels und damit die meisten Touristen. Sport, Kultur und Feste finden überwiegend auf der Hauptinsel statt. Kurzum: Auf Mahé schlägt das Herz der Seychellen – der Tropenhitze entsprechend eher gemächlich. Urlauber, die Abwechslung und Unterhaltung lieben, sind hier am besten aufgehoben.

An der Baie Lazare

Die Landschaft bietet ein sehr kontrastreiches Bild. Steil steigt die Granitinsel aus dem Meer. Jahrmillionen haben an ihr gehobelt und dabei die puderweichen, in Buchten eingelagerten Sandstrände entstehen lassen. Eine üppige Vegetation bedeckt die ganze Insel und reicht hinauf bis auf 900 m Höhe im Nationalpark rund um den Morne Seychellois.

Um in die entlegensten Winkel der Insel vorzudringen, braucht man Kondition und festes Schuhwerk, aber alle bewohnten Gegenden, größtenteils in Küstennähe, sind durch ein gut ausgebautes Straßennetz erschlossen und sogar mit den öffentlichen Bussen leicht zu erreichen. Wer die Insel jedoch nach eigenem Zeitplan er-

kunden möchte, wird einen Wagen mieten.

Für die Einheimischen liegt das Zentrum des Geschehens in Victoria oder *lavil*, wie man hier sagt: »die Stadt« – schließlich gibt es keine andere. Jene, die nicht in Victoria wohnen, arbeiten hier oder kaufen ein. Der Fremdenverkehr konzentriert sich hingegen eher an der Beau Vallon Bay, wo man ganzjährig baden kann. Hauptstadt und Badezentrum liegen im Norden, und entsprechend groß ist der Kontrast zum beschaulichen Süden. Während die Ostküste kaum Badebuchten bietet, haben sich in den letzten Jahren viele neue, besonders luxuriöse Hotels die Attraktivität der Strände im Südwesten zunutze gemacht. Doch selbst die größeren Anlagen fügen sich, dank strikter Baurichtlinien, recht harmonisch ins Landschaftsbild ein.

Köstliche tropische Früchte auf dem Markt in Victoria

Touren in der Region

Rundfahrt durch den Norden

—④— Beau Vallon › Pascal Village › Victoria › Anse Nord d'Est › Glacis › Beau Vallon

Länge: ca. 25 km; 2 Std.
Praktische Hinweise: Für die Tour empfiehlt sich ein Mietauto oder Taxi, sie ist aber auch mit öffentlichen Bussen möglich (umsteigen am zentralen Busbahnhof in der Palm St.). Für eine Pause am Strand sollten Sie Badesachen mitnehmen. An der Küste entlang führt übrigens der jährliche Seychelles Eco-Friendly Marathon › S. 55, wenn die Straße für Autos gesperrt ist. Ansonsten ist es nicht zu empfehlen, zu Fuß an diesen verkehrsreichen Straßen entlangzulaufen.

Die Tour führt rund um Mahés Nordhalbinsel durch reizvolle, dünn besiedelte Küstenlandschaften mit kleinen Buchten; und auch ein ausgedehntes Mangrovengebiet findet man hier.

Los geht's auf Mahés belebtester Straße, der St. Louis Road von der *Beau Vallon Bay › S. 79, dem touristischen Schwerpunkt, nach Victoria. Zunächst schlängelt sich die Straße in engen Kurven den Berg hinan zur im Wald verstreuten Ortschaft **Pascal Village**. Jenseits der Passhöhe geht es dann in weiteren Kurven hin-

unter. Dabei erhascht man zwischen den Häusern und Bäumen immer wieder schöne Blicke auf die Hauptstadt, den Hafen und die vorgelagerten Inseln im Ste. Anne Marine National Park – wobei sich der Fahrer unbedingt auf den Verkehr konzentrieren sollte.

In **Victoria** › S. 70 mündet die Straße in die Revolution Avenue, an deren Ende die einzige Ampel des Landes steht. Hier rechts schlängelt man sich durch das charmante Stadtzentrum – am Clock Tower links in die Independence Avenue und an deren Ende in einem Kreisverkehr wieder links ab in die 5th June Avenue. Diese wird außerhalb Victorias in Richtung Norden zur namenlosen Küstenstraße und führt vorbei an kleinen ruhigen Stränden und tiefblauem Meer zwischen aufgeschütteten Inseln – Maßnahmen zur Neulandgewinnung. Die reizvolle Aussicht auf das offene Meer und die bergigen Inseln des Ste. Anne Marine National Park begleitet Sie ab **North East Point.** Kurz dahinter weisen auf der linken Straßenseite Schilder zur Parfümerie »Kreolfleurage« an der **Anse Nord d'Est ›** S. 82, wo Liebhaber exotischer Düfte einen Zwischenstopp einlegen sollten.

Die Straße folgt nun eng dem Verlauf der hier etwas raueren und windigeren Küste über den bei Surfern beliebten **Carana Beach ›** S. 82 zum **North Point.** Dahinter, mit schönem Blick auf das winzige Inselchen L'Îlot, geht es vorbei an den meist im Wald versteckt liegenden Häusern von

Glacis ❯ S. 81 wieder nach Süden. Bald passieren Sie die ersten Hotels, die sich an den schmalen, steilen Hängen zwischen Straße und Meer verteilen. Rechter Hand erblicken Sie nun wieder die weit geschwungene schöne Bucht von *Beau Vallon, und Sie gelangen zurück zum Ausgangspunkt Ihrer Tour.

Rundfahrt durch den Süden

❺ Beau Vallon ❯ Victoria ❯ Sans Souci ❯ Port Glaud ❯ Anse Boileau ❯ Anse à la Mouche ❯ Baie Lazare ❯ Anse Takamaka ❯ Anse Forbans ❯ Anse Royale ❯ La Plaine St. André ❯ Flughafen ❯ Cascade ❯ Victoria ❯ Beau Vallon

Länge: 60 km; 4–6 Std. ohne Badepausen
Praktische Hinweise: Die Rundfahrt macht man am besten mit dem Mietwagen, oder man vereinbart mit einem vertrauenswürdigen Taxifahrer eine Pauschale für die Tour.

Wenn Sie an der *Beau Vallon Bay ❯ S. 79 untergebracht sind, fahren Sie zunächst wieder nach Victoria ❯ S. 70, doch bevor Sie die Innenstadt erreichen, biegen Sie von der Revolution Avenue rechts ab in die Bel Air Road, an deren Ende Sie wiederum rechts in die **Sans Souci Road ❯ S. 84 abzweigen. Die spektakuläre Panoramastraße windet sich nun bis zur Passhöhe von 500 m hinauf, wo man bei einer Pause zur Rech-

Parasailing an der Beau Vallon Bay

ten die imposante üppig grüne Landschaft des Nationalparks Morne Seychellois auf sich wirken lassen kann. Gleich hinter dem Sattel passieren Sie die stimmungsvollen Ruinen der **Mission Lodge** und später die **Tea Factory,** wo sich für Teeliebhaber ein Einkaufsstopp lohnt. Danach geht es in vielen Kurven und mit schöner Aussicht hinunter nach **Port Glaud ❯** S. 85 an der Westküste. Hier biegen Sie links ab auf die Küstenstraße, die weitgehend am Meer entlang verläuft, wenn man von drei größeren Landzungen absieht. Unterwegs passieren Sie eine Reihe attraktiver Buchten, die teilweise auch mit schönen Sandstränden locken. Die letzte Bucht an dieser Seite der Insel ist die fotogene **Anse Takamaka ❯** S. 90. Hier biegt die Straße nach links ins Landesinnere ab, und Sie fahren auf dieser Strecke nun zur Ostküste. Nach gut 2 km, bei der kleinen Ortschaft Quatre Bornes, bietet sich ein Abstecher von der Hauptstraße nach rechts an zur spektakulären **Anse Intendance**

› S. 90 (rechts halten und dann an der Abzweigung zum Banyan Tree Resort links). Danach fahren Sie auf der Hauptstraße weiter und treffen an der ruhigen Badebucht **Anse Marie-Louise** auf die Ost-küste. Hier geht es links ab nach Norden auf der sehr eng an der Küste verlaufenden Straße, die immer wieder schöne Blicke frei-gibt. Lohnende Abstecher führen jeweils links zum »Gewürzgarten« *Jardin du Roi › S. 92 (an der Les Cannelles Road), zur Schiffsmo-dellwerkstatt **La Marine Ltd.** › S. 92 sowie zur *Domaine de Val des Près › S. 92 mit dem Kunsthandwerkerdorf.

Kurz vor dem Flughafen macht die Straße einen scharfen Links-knick. Hier nehmen Sie statt des Providence Highways am besten die gemütlichere alte Küstenstraße **Mont Fleuri Road** › S. 90 über Dörfer wie das hübsche Cascade. Dies lag noch vor einigen Jahren an der Küste, doch inzwischen wurde hier reichlich Land aufge-schüttet. Kurz vor der Hauptstadt lockt noch zur Linken die prächti-ge Flora der Inseln im **Botani-**

schen Garten › S. 75. In **Victoria** › S. 70 nehmen Sie im anschlie-ßenden Kreisverkehr die erste Ausfahrt links; am Clock Tower vorbei gelangen Sie zur Ampel, an der es links zurück nach **Beau Vallon** geht.

Wanderung zur Anse Major

— 6 — **Danzilles › Anse Major › Danzilles**

Länge: 3 Std. (hin und zurück)
Praktische Hinweise: Die An-fahrt erfolgt per Pkw oder Bus. Grundsätzlich sollte man diese – wie alle längeren Wanderun-gen auf den Seychellen – in den frühen Morgenstunden beginnen, wenn die Tempera-turen am angenehmsten sind. Da man an der Anse Major sehr schön den Tag verbringen kann, eignet sich diese Tour auch als Tagesausflug. Nehmen Sie ausreichend Getränke und leichte Snacks mit, und ma-chen Sie sich spätestens um 16 Uhr auf den Rückweg.

Mahé

0   5 km

Zur kleinen Anse Major gelangt man nur zu Fuß oder per Boot

In **Danzilles** › S. 80 endet die Hauptstraße, die an der Südküste der beliebten Bucht * **Beau Vallon** › S. 79 entlangführt. Bis hierhin kann man mit dem öffentlichen Bus gelangen (Linie 21), etwa 200 m bergauf hinter der Endhaltestelle finden Sie Parkmöglichkeiten für Ihren Mietwagen.

Biegen Sie an der Abzweigung rechts ab und folgen Sie nun der gelben Markierung. Der hier beginnende Fußweg ist auch für weniger erfahrene Wanderer geeignet und unbedingt zu empfehlen, bietet er doch ein abwechslungsreiches Landschaftsbild und herrliche Blicke zurück auf die Beau-Vallon-Bucht. Nach rund anderthalb Stunden endet er an der malerischen und sehr abgeschiedenen **Anse Major,** die zum Baden und Schnorcheln einlädt.

Unterwegs kann man auf den *glacis* genannten Felshängen Vanilleblüten und andere endemische Pflanzen entdecken, die für die trockeneren Gegenden Mahés typisch sind. Ein Großteil der Strecke führt durch die Ausläufer des **Nationalparks Morne Seychellois.** Auf demselben Weg geht es zurück zum Ausgangspunkt.

Bergwanderung zu den Trois Frères

⑦ Sans Souci › Trois Frères › Sans Souci

Länge: ca. 1,5 Std. (hin und zurück)
Praktische Hinweise: Diese recht kurze Wanderung können Sie auch am Spätnachmittag beginnen. Achten Sie aber in diesem Fall unbedingt darauf, dass Sie vor Anbruch der Dunkelheit, die sehr plötzlich zwischen 18 und 19 Uhr einsetzt, wieder am Ausgangspunkt sind. Die Anfahrt erfolgt mit Pkw oder Bus (Linie 14 oder 35).

Um den Ausgangspunkt der Wanderung zu erreichen, fahren Sie mit dem Mietwagen oder Bus über die ****Sans Souci Road** › S. 84 zur **Sans Souci Forestry Station.** Hier steigen Sie aus dem Bus aus und wandern auf der Nebenstraße bergauf, »Trois Frères« ist hier bereits ausgeschildert. Die Straße endet als Sackgasse. Wenn Sie mit dem Auto gekommen sind, können Sie es hier parken.

Der Weg verläuft teilweise durch den **Morne-Seychellois-Nationalpark.** An der kleinen Hütte am Ende des Weges werden Sie mit einer einmaligen Aussicht auf Victoria, die vorgelagerten Inseln und gesamte Ostküste bis hinunter zum Flughafen belohnt – sofern keine Wolken den Blick versperren. An einem klaren Tag sehen Sie sogar die großen Nachbarinseln Praslin und La Digue. Am Ende des Weges finden Sie Hinweisschilder, die Sie zu Stellen führen, an denen die endemische Kannenpflanze zu bestaunen ist. Zurück wandert man auf demselben Weg.

Für erfahrene Bergwanderer gibt es hinter der Hütte noch einen Aufstieg zum Gipfelkreuz der **Trois Frères** (699 m) mit teilweise sehr steilen Abschnitten. Dieser Weg ist abschnittsweise noch erkennbar, wird aber von der Parkverwaltung nicht mehr gepflegt. Ohne ortskundigen Führer ist deshalb von diesem mehrstündigen Aufstieg abzuraten.

Wanderung zur Copolia

━●❽●━ Val Riche › Copolia › Val Riche

Länge: ca. 2 Std. (hin und zurück)
Praktische Hinweise: Wenn Sie mit dem Bus den Ausgangspunkt der Wanderung anfahren, erklären Sie dem Fahrer am besten, was Sie vorhaben – er wird Sie an der passenden Stelle aussteigen lassen. Für Autofahrer gibt es keinen Parkplatz, doch das Parken am Straßenrand wird geduldet.

Auch diese relativ leicht zu bewältigende Wanderung startet wieder an der **★★Sans Souci Road** › S. 84.

Der Beginn des Weges bei **Val Riche** – ein wenig nördlich der Passhöhe – ist ausgeschildert und enthält nur einige wenige kurze Steilstücke. Er führt schön durch Urwald auf das **Gipfelplateau der** Echt gut! **Copolia** (497 m). Von den Felsblöcken am Gipfel sieht man Mengen von endemischen Kannenpflanzen und genießt eine schöne Aussicht auf Victoria und die Ostküste von Mahé bis zum Flughafen sowie auf viele der umliegenden Inseln. Der Abstieg erfolgt auf demselben Weg.

Wanderung zur Montagne Brûlée

━●❾●━ La Réserve › Brûlée › La Réserve

Länge: 2–4 Std.; es sind Abkürzungen möglich
Praktische Hinweise: Den Ausgangspunkt erreicht man nur per Pkw. Wenn Ihnen der Weg auf den Gipfel zu anstrengend ist, bieten sich einige kürzere und weniger steil ansteigende Rundwege als Alternativen an. Diese Wege sind gut ausgeschildert, doch sollten Sie sich vorher im Tourist Office in Victoria › S. 70 eine Wegbeschreibung mit Kartenskizze besorgen, um nicht die Orientierung zu verlieren.

Diese Wanderung führt über die Höhen im südlichen Mahé auf den Berg Brûlée. Insgesamt ist sie leicht zu bewältigen, doch gibt es einige steile Abschnitte. Der Pfad beginnt an der Passhöhe der Montagne Posée Road, die **Anse aux Pins** ❯ S. 91 an der Ostküste mit **Anse Boileau** ❯ S. 87 an der Westküste verbindet. Biegen Sie mit Ihrem Mietwagen in die kleine asphaltierte Nebenstraße ein, die zur Station der Telefongesellschaft Cable & Wireless führt. Hier sehen Sie Schilder, die auf den Wanderweg hinweisen, und Sie finden auch einen Parkplatz.

Der Weg windet sich durch einen imposanten Palmenwald, in dem Sie fünf der sechs endemischen Palmenarten zu sehen bekommen. Mit etwas Glück erspähen Sie auch seltene endemische Vögel wie Dickschnabelfluchtvogel (Bülbül), Seychellennektarvogel oder Warzentaube. Die Kulisse bilden schroffe Granitwände

und Felsblöcke. Von drei verschiedenen Aussichtspunkten entlang des Weges zum Gipfel des 501 m hohen Brûlée genießen Sie herrliche Blicke auf Abschnitte der West- wie auch der Ostküste.

Echt gut

Wichtige Adresse

■ **Seychelles Tourist Office Mahé:** Independence House, Independence Ave., Victoria, Tel. 4610800, Fax 4610801, info@seychelles.com, Mo–Fr 8–16.30 Uhr, Sa 9–12 Uhr. Das zentrale Touristenbüro hält Informationen zu Unterkünften und Fährverbindungen bereit, es sind Busfahrpläne und Wanderbroschüren erhältlich.

Unterwegs auf Mahé

Victoria ❶

Die Hauptstadt der Seychellen ist mit ihren zwei Dutzend Straßen und Gassen zwar eine der kleinsten der Welt, gehört aber allein schon wegen ihrer bevorzugten Lage sicherlich zu den charmantesten. Im Westen von steilen Berghängen eingeschlossen, die bis auf 699 m (Trois Frères) ansteigen, öffnet sie sich auf der östlichen Seite zum Hafen und dem blauen Meer mit den vorgelagerten Inseln des Sainte Anne Marine National Park.

Ihre Gründung geht auf einige französische Soldaten zurück, die 1778 im Auftrag der Kolonialmacht von Mauritius herüberkamen und hier ihr Lager aufschlugen. Unter britischer Herrschaft erhielt die Ansiedlung zu Ehren der damaligen Königin ihren Namen. Heute besitzt Victoria Bedeutung auch als Hafenstadt: Am New Pier legen Kreuzfahrtschiffe, große Frachter und Tanker an, auf dem Seeweg wird auch ein regelmäßiger Rohstoff- und Warenaustausch, z.B. mit Singapur und Südafrika, abgewickelt.

Victoria hat sich den Charme früherer Zeiten noch bewahrt

Über Victoria werden u.a. Kraftstoffe, Maschinenteile und Geräte importiert, in den Export gehen Thunfisch, Zimtrinde und Kopra. Meistens belegen Fischtrawler, die ihren Fang auf Kühlschiffe umladen, den Hafen. Jachten können im Hafenbecken ankern.

Der Stadtkern besteht noch weitgehend aus Holzhäusern des frühen 20. Jhs. Mit ihrem bunten Anstrich, den Fensterläden, Balustraden und verspielten Wellblechdächern entsprechen sie genau der Vorstellung, die man sich von einer tropischen Kleinstadt macht. Im Erdgeschoss der Häuser befinden sich überwiegend Büros und Geschäfte, hauptsächlich indische und chinesische Krämerläden, in denen es nach Gewürzen duftet und wo man alles kaufen kann, was auf den Inseln gebraucht wird.

Wie lange aber wird der koloniale Charme Victorias wohl noch erhalten bleiben? Schon sprießen hier und dort nüchterne Betonblocks aus dem Boden, auch der Autoverkehr nimmt immer mehr zu. Es wurden bereits die erste Fußgängerzone (Market Street) sowie gebührenpflichtige Parkzonen eingerichtet. Doch sobald um 17 Uhr der Geschäftsschluss naht, verlässt alles auf einen Schlag die Stadt, und nach Sonnenuntergang ist Victoria praktisch menschenleer bis auf einige Nachtschwärmer, die noch eines der Restaurants, das Deepam-Kino in der Albert Street oder die Lovenut-Diskothek > S. 78 im Premier Building besuchen.

2 **Sir Selwyn Selwyn Clarke Market** Ⓐ

Mitten in der Stadt liegt im Schatten eines großen Mangobaumes der nach einem ehemaligen Gouverneur der Seychellen benannte Markt, der unbedingt einen Besuch wert ist. Hier wird an jedem Werktag (Mo–Fr 7–17.30, Sa 6–14 Uhr) angeboten, was auf den Seychellen wächst und gedeiht: Bananen, Papayas, Limonen, Mangos, Malayäpfel, Passionsfrüchte, Guaven, Auberginen, Brotfrüchte, Süßkartoffeln, Maniok, Chilis, Vanillestangen und andere Gewürze. Fertig abgepackt und gleich mit Rezept (in den verschiedensten Sprachen) werden die für Currygerichte ❯ S. 58 notwendigen Zutaten angeboten.

Wie groß und vielfältig das Angebot an Fischen ausfällt, kann man am besten hier studieren, besonders, wenn am Morgen und dann noch einmal gegen 15 Uhr der frische Fang angeliefert wird.

Ein weiterer Teil des Marktes ist für handwerkliche Arbeiten reserviert; dort findet man Hüte, Körbe, Schnitzereien und allerlei Andenken ebenso wie T-Shirts und Postkarten.

In der nahen Market Street findet man das **Sunstroke Studio,** wo der einheimische Künstler George Camille seine Zeichnungen, Radierungen und Aquarelle ausstellt (Mo–Fr 9–16.45 Uhr, Sa 9–13 Uhr; weitere Galerien auch im Kaz Zanana, Revolution Ave., sowie in Le Rocher; www.george camille.sc).

Echt gut

Cathedral of Our Lady of Immaculate Conception Ⓑ

Die ab 1851 erbaute katholische Kirche musste wegen Baufälligkeit Mitte der 1990er-Jahre umfangreich renoviert werden. Die Neugestaltung geht auf den einheimischen Architekten Gilbert Frichot zurück. Tabernakel und Türen stammen von dem Bildhauer Egbert Marday. Der imposante, aus schwarzem Seychellengranit gefertigte Altar musste auseinandergeschnitten werden, da er anders nicht in das Gebäude hineinzubringen war. Sehenswert sind die teils alten, teils neu ergänzten Kirchenfenster, deren brillante Farben bei Sonne besonders zur Geltung kommen. Unweit des geschäftigen Marktplatzes ist dies ein besinnlicher, erholsamer Ort.

Insbesondere Frauen suchen zwischen den Einkäufen häufig die beiden Marienstatuen rechts und links der Kirche auf, um Andacht und Zwiesprache zu halten

Der Hindutempel

oder ein paar Blumen niederzulegen – die Marienverehrung wird auf den Seychellen großgeschrieben. Der separat hinter der Kirche stehende Glockenturm wurde 1898 errichtet, das mehrstöckige, mit Arkaden versehene, als Priesterwohnheim dienende Kapuzinerhaus daneben erst 1933.

Arul Mihu Navasakthi Vinayagar Temple 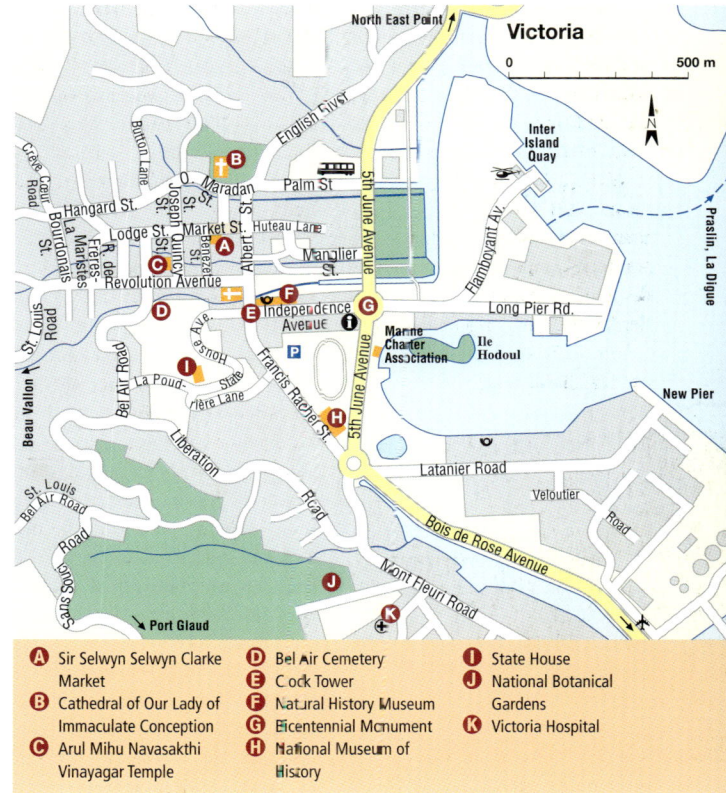 ⓒ

Die wenigen hinduistischen Einwohner auf Mahé beten seit 1992 in einem eigenen Tempel in der Quincy Street, der dem Gott Ganesha gewidmet ist. Man darf die farbenprächtige Anlage betreten, wenn man am Eingangstor die Schuhe auszieht.

Bel Air Cemetery ⓓ

Auf dem schon sehr verfallenen Friedhof am Anfang der Bel Air Road haben die ersten Bürger aus der Gründerzeit Victorias ihre letzte Ruhe gefunden. Unter ihnen befindet sich auch der Korsar Jean François Houdoul, der gegen Ende des 18. Jhs. im Auftrag der

Victoria

0   500 m

North East Point

Inter Island Quay

Praslin, La Digue

English River

Burton Lane

Varadan

Palm St

5th June Avenue

Crête Croix Road

Hangard St.

Bourdonais St.

Frères Maristes

La

Joseph St.

O. Joseph St.

R. des Quincy St.

Lodge St.

Market St.

Benezet St.

Albert St.

Huteau Lane

Manglier St.

Revolution Avenue

Flamboyant Av.

Long Pier Rd.

Royal St.

Bel Air Road

Hous Ave.

Independence Avenue

Francis Rachel St.

Marine Charter Association

Ile Hodoul

New Pier

La Poudrière Lane

State

Liberation

5th June Avenue

Latanier Road

Veloutier Road

St. Louis Bel Air Road

Sans Souci Road

Road

Bois de Rose Avenue

Mont Fleuri Road

Port Glaud

Beau Vallon

ⓐ **Sir Selwyn Selwyn Clarke Market**

ⓑ **Cathedral of Our Lady of Immaculate Conception**

ⓒ **Arul Mihu Navasakthi Vinayagar Temple**

ⓓ **Bel Air Cemetery**

ⓔ **Cock Tower**

ⓕ **Natural History Museum**

ⓖ **Bicentennial Monument**

ⓗ **National Museum of History**

ⓘ **State House**

ⓙ **National Botanical Gardens**

ⓚ **Victoria Hospital**

Unverkennbar britisch:
der Clock Tower

französischen Regierung britische Handelsschiffe aufbrachte und seinen so erworbenen Reichtum auf den Seychellen anlegte.

Der Friedhof von Bel Air gehört zu den nationalen Denkmälern der Seychellen, was aber die Waschfrauen am vorbeifließenden St.-Louis-Bach nicht davon abhält, an Mauern und Grabsteinen ihre Wäsche aufzuhängen.

Independence Avenue

Der **Clock Tower E** ist eine Kopie des Uhrturms an der Vauxhall Bridge Road in London. Der gut 8 m hohe Turm wurde 1903 errichtet, als man die Seychellen zu einer eigenständigen britischen Kronkolonie erklärte. Das mechanische Uhrwerk wird noch immer von Hand aufgezogen.

An die Einführung des Zimts › S. 48 auf den Seychellen in der zweiten Hälfte des 18. Jhs. erinnert die in der Nähe des Uhrturms

stehende **Büste von Pierre Poivre** aus dem Jahre 1972.

Wer es nicht schafft, das von zwei Tierstatuen flankierte **Natural History Museum F** zu besuchen, hat nicht allzu viel versäumt. Immerhin gibt es in dem 2004 renovierten Museum eine kleine Auswahl präparierter Riesenland- und Meeresschildkröten, Seychellennüsse, Schneckengehäuse, Modelle von Fischen, Vögeln und anderen Kleintieren zu sehen (Mo–Do 8.30–16.30, Fr 8.30 bis 12, Sa 9–13 Uhr).

An der Kreuzung mit der 5th June Ave. fällt eine drei Vögeln ähnelnde Plastik auf: das **Bicentennial Monument G**. Es symbolisiert die Kontinente Europa, Asien und Afrika, aus denen die meisten Seychellar stammen. Sie nennen es *Moniman trwa lezel* (»Denkmal der drei Flügel«).

National Museum of History H

Das bereits 1964 gegründete Museum ist inzwischen in das moderne Gebaude der Nationalbibliothek umgezogen. Bisher zählen historische Landkarten und Pläne, Feuerwaffen, Gebrauchsgegenstände und Musikinstrumente sowie der Besitzstein zu den Exponaten; weitere sollen in absehbarer Zukunft folgen (Mo, Di, Do, Fr 8.30–16.30, Mi 8.30–12, Sa 9–13 Uhr).

State House I

Das im Park gelegene Präsidialamt wurde zu Beginn des 20. Jhs. als Wohnsitz des jeweiligen Gouverneurs errichtet. Heute dient das Gebäude Repräsentationszwecken. Im Park liegt die Grabstätte Jean-Baptiste Quéau de Quinssys, des ersten und zugleich letzten französischen Inselverwalters. (Die Besichtigung des State House und auch des Parks ist nur im Rahmen einer Führung möglich; hierfür muss man eine der örtlichen Reiseagenturen kontaktieren.)

3 National Botanical Gardens ◑

Lohnend ist der Besuch des üppigen kleinen Botanischen Gartens an der Mont Fleuri Road im Süden Victorias – sowohl, um sich einen Überblick über die Seychellen-Flora zu verschaffen, als auch, um sich etwas Erholung im Schatten zu gönnen (tgl. 8–17 Uhr; Eintritt 5 €). Am Eingang kann man eine interessante Broschüre mit Beschreibungen der im Garten wachsenden einheimischer. und importierten Baumarten erwerben, gleich in der Nähe stehen einige Seychellennusspalmen (Coco de Mer) ❯ S. 106. Rechts, im hinteren Teil, gibt es **einen hübschen Orchideengarten,** geradeaus am Berg kann man sich im netten kleinen Imbissrestaurant »Le Sapin« (So geschl.) stärken.

Gleich neben dem Botanischen Garten befindet sich das **Victoria Hospital** ✚ ❯ S. 135, das zentrale Krankenhaus der Seychellen. Das von einer breiten Veranda umgebene ehemalige Hauptgebäude ist ein sehenswertes Beispiel kolonialer Architektur.

Verkehr

- ■ **Busse:** Der zentrale Busbahnhof liegt in der Palm Street.
- ■ **Taxis:** Standplätze in der Independence Ave. (vor der Barclay's Bank) und in der Albert St. (beim Clock Tower).
- ■ **Fährverbindungen:** Vom Inter Island Quay aus legen die Personenfähren nach Praslin und La Digue ❯ S. 21 ab.
- ■ **Hubschrauber:** Der Helistop Victoria ist der Hubschrauberlandeplatz von Zil Air ❯ S. 20 und somit Ausgangspunkt für Rundflüge über Mahé und Transfers auf andere Inseln.

Hotels

Direkt in Victoria gibt es keine Unterkünfte für Touristen, einige kleine Hotels findet man aber in der näheren Umgebung, z.B.

Hotel Bel Air
Bel Air][**Tel. 4224416**
Fax 4224923
Frühstückspension im Kolonialstil mit familiärer Atmosphäre und Restaurant; ca. 15 Min. zu Fuß vom Zentrum. ●

Restaurants

- ■ **Doubleclick**
Maison La Rosière][**Palm St.**
Tel. 4224796
Internationale Küche; auch Internet-Café, beliebt bei jungen Leuten. Kein Ruhetag. ●
- ■ **Marie Antoinette**
St. Louis Rd.][**Tel. 4266222**
Originelles und beliebtes Traditionsrestaurant (seit 1972) im Bergland oberhalb von Victoria, an der Straße nach Beau Vallon. Serviert wird gute kreolische Küche. Mo–Sa 12–14.30 und 18.30–21 Uhr. ●

Special
Flittern unter Palmen

Hochzeiten unter tropischer Sonne liegen seit einiger Zeit voll im Trend, und vieles spricht dafür: Man hat die Freiheit, sich das Jawort romantisch am Strand oder unter Palmen zu geben, und kann dem Trubel einer großen Feier entgehen. Zudem sind auf den Seychellen sowohl die Formalitäten als auch die Kosten für die Zeremonie gering, und die Ehe wird problemlos in der EU anerkannt. Zur Vorlage bei den Heimatbehörden muss man nach der Rückkehr lediglich eine beglaubigte Übersetzung der Heiratsurkunde anfertigen lassen.

Für viele Paare ist das Inselparadies auch ein Traumziel für die Flitterwochen. Die meisten größeren Hotels verfügen über Honeymoon-Suiten und überraschen mit kleinen Extras, wenn man bei der Buchung angibt, dass man hier die Flitterwochen verbringt

– und beim Einchecken die Heiratsurkunde vorlegt.

Brautkleider und Anzüge werden von den Fluggesellschaften in der Kabine befördert (Wünsche schon bei der Buchung angeben).

Formalitäten

Der erste Schritt in die Ehe ist die Kontaktaufnahme mit dem zentralen Standesamt in Victoria (Civil Status Office, Tel. 4293604, Fax 4321046, info@civilstatus.gov.sc) zur Festlegung des Trauungstermins. Tipp: Legen Sie diesen eher in die regenarme Zeit von Mai bis September, dann herrschen angenehme Temperaturen.

Trauungen auf dem Standesamt selbst finden wochentags von 9 bis 11 Uhr statt. Je früher man mit den Vorbereitungen beginnt, desto eher lassen sich Wunschtermine und Sonderwünsche realisieren. Man ist hier recht flexibel und versucht, den Brautpaaren möglichst entgegenzukommen.

Die zukünftigen Ehepartner benötigen lediglich Reisepässe, Geburtsurkunden und Nachweise über den Familienstand (z.B. Ledigkeitsbescheinigungen, Scheidungspapiere). Fremdsprachige Dokumente müssen übersetzt (Englisch oder Französisch) und dann einfach vorab ans Standesamt gefaxt oder als E-Mail-Anhang gesandt werden. Bei der Trauung legt man die Originale vor. Wenn man keine eigenen Trauzeugen mitbringt, finden sich schnell Freiwillige vor Ort.

Wunschkulisse

Natürlich ist es stimmungsvoller, die Zeremonie im Hotel statt im Standesamt zu halten. Die meisten Häuser auf Mahé, Praslin und La Digue haben hierfür geeignete Räumlichkeiten – wie etwa Pavillons am Wasser – und bieten ein Rahmenprogramm nach Wunsch (Dekoration, Torte, Fotograf, Musiker). Dem Standesbeamten auf Mahé und Praslin werden die Anfahrtskosten zum Hotel erstattet, auf anderen Inseln die komplette Anreise.

Einige der exklusiven kleinen Hotelinseln bieten gegen entsprechenden Aufpreis komplette Hochzeitsarrangements, für die dann der Standesbeamte eigens eingeflogen wird – auf Kosten des Brautpaars selbstverständlich.

Hochzeit im Paket

Generell ist es möglich, aber auch teurer, zur Vereinfachung aller Formalitäten und organisatorischer Details bei einem spezialisierten Reiseveranstalter zu buchen. Auf diese Art lassen sich auch ausgefallenere Trauungen realisieren, z.B. auf kleinen, entlegenen Inseln oder auf Schiffen.

Aber bitte mit Segen

In der Regel wird standesamtlich geheiratet, doch auch kirchliche Trauungen sind möglich – am einfachsten katholische. Hierzu sollte man in der Heimat frühzeitig einen Vertreter seiner Glaubensgemeinschaft konsultieren.

Spezialveranstalter

■ **Infinity Reise-Consulting**
Theresenhöhe 1][80339 München
Tel. 089 5389628
www.world-wide-weddings.de
■ **Honeymoon Highlights**
Kaiser Str. 33][40479 Düsseldorf
Tel. 0211 93653453
www.honeymoon-highlights.de

Farbenfroher Souvenirshop an der Francis Rachel Street

■ **Pirates Arms**
Independence Ave.][**Tel. 4225001**
Kreolische und internationale Küche
in zentraler Lage an Victorias Flaniermeile; Münzspielautomaten. Mo–Sa
9–24, So 12–23.45 Uhr. ●

■ **News Café**
Albert St.][**Tel. 4322999**
Direkt in der Einkaufsmeile, europäische Küche, mit Ausblick auf die Ein-
kaufsstraßen; Sandwichs, Kuchen, Sa-
late. Mo–Fr 8.30–17, Sa 8.30 bis
14 Uhr, abends und So geschl. ●

■ **Sam's Pizzeria**
Francis Rachel St.][**Tel. 4322499**
Frische Steinofenpizza und Fisch-
gerichte mitten in Victoria.
Tgl. 11–15 und 18–23 Uhr. ●

Shopping

■ An den **Ständen am Clock Tower**
in der **Francis Rachel Street** kann
man nach mehr oder weniger authen-
tischen Souvenirs Ausschau halten.

■ Die im Kolonialstil erbaute **Camion
Hall** in der **Albert St.** vereint u.a. einen Laden, der auf Knöpfe aus Kokosnüssen, Muscheln und Schneckenge-

häusen spezialisiert ist, das **Codevar
Craft Centre**, eine gute Adresse für
Kunsthandwerk, sowie das Juwelier-
geschäft **Kreol'Or**. Dort finden Sie
Schmuckstücke aus Gold, geschmackvoll kombiniert mit Muscheln und Schneckengehäusen.

■ Eine Reihe von Boutiquen findet
man in der **Independence Ave.**, u.a.
den **Antik Colony Shop** (im Hof des
Pirates Arms Gebäudes), in dem zum
Beispiel Tees, Gewürze und diverse
Kleinigkeiten in ansprechendem Nost-
algie-Look verpackt und entsprechend
teuer verkauft werden.

■ Mit Büchern, Karten und Schreib-
waren gut sortiert ist die Buchhand-
lung **Antigone Trading Book Shop**
in den **Victoria House Arcades** (beim
National Museum).

Nightlife

Lovenut Nightclub, Bar & Café
Premier Building][**Tel. 2572846**
Die beliebte Diskothek im Herzen
Victorias spielt kreolische und inter-
nationale Popmusik. Dresscode: leger,
aber keine Shorts. Fr, Sa 22–5 Uhr.

Die *Beau Vallon Bay 2

Offiziell trägt sie den Namen North West Bay, aber in fast allen Karten ist sie unter dem verheißungsvoll klingenden umgangssprachlichen Namen Beau Vallon Bay (»Schöntälchenbucht«) verzeichnet. Tatsächlich zählt die große Bucht im Nordwesten Mahés zu den schönsten und beliebtesten der Insel. Mehrere Kilometer lang schmiegt sie sich in weitem Bogen an einen steilen Berghang. Makellos weiß ist der Sand, der sich bis ins tiefe, von keineren Felsen unterbrochene Wasser fortsetzt. Kokospalmen und Takamakabäume recken ihre Kronen weit über den Strand und spenden Schatten, den man angesichts der prallen Tropensonne zu schätzen weiß.

Durch die landeinwärts vorbeiführende Hauptstraße nicht gestört, aber gut zu erreichen, entwickelte sich die Bucht zum touristischen Mittelpunkt von Mahé. Hier wurde das allererste Strandhotel errichtet; heute sind es ein paar mehr, und in der Umgebung kommen laufend kleinere Unterkünfte wie auch Restaurants dazu. Obwohl auch viele Seycheller gerne zum Baden hierherkommen, ist der Strand aber nicht überlaufen.

An der Stichstraße zwischen Hauptstraße und Strand findet jeden Mittwoch ein **besonderer Markt namens Labrin** (Dämmerung) statt: Die Einheimischen kaufen sich Essen und Getränke und ziehen damit einfach ein paar Schritte weiter zum Strandpicknick bei Sonnenuntergang.

Keine Wünsche lässt die von den Hotels und kleinen Unternehmen angebotene Wassersportpalette offen: Man kann Katamarane und Surfbretter leihen, zu Tauch- und Hochseeangelausflügen starten, am Schleppfallschirm über dem Strand schweben, Wasserski fahren oder mit einem Glasbodenboot zum Schnorcheln ausrücken. Motorisierter Wassersport ist nur hier erlaubt.

In der Zeit zwischen Dezember und März, wenn der Nordwestmonsun direkt in die Bucht bläst und manchmal eine eindrucksvolle Brandung aufbaut, macht es Spaß, in den Wellen zu toben oder sich mit einem kleinen Brett im Bodysurfing zu versuchen.

Beau Vallon und Bel Ombre

Etwas oberhalb der Bucht von **Beau Vallon** liegt die gleichnamige Ortschaft mit einer Tankstelle, einem Polizeirevier und einer kleinen Bankfiliale. Dort zweigt eine Straße nach Westen zum Nachbarort **Bel Ombre** ab, dessen Kirchturm gut sichtbar über die Palmenwipfel ragt: Die Sonntagsgottesdienste, und besonders die **Messen an den hohen kirchlichen Feiertagen in der katholischen Kirche St. Roch** sind immer gut besucht. Die hübsche Kirche wurde vor wenigen Jahren mit großem Aufwand renoviert und ist von vielen der Hotels aus

Von April bis Oktober ist das Wasser an der Beau Vallon Bay ruhig

leicht zu erreichen (von Beau Vallon aus als Strandspaziergang) – eine gute Gelegenheit, den so wichtigen Glaubensaspekt der Seycheller kennenzulernen. Die Termine der heiligen Messe erfahren Sie an der Hotelrezeption.

Am Westrand der Bucht gibt es noch die kleine Gemeinde **Danzilles,** von dort kann man in Richtung der malerischen **Anse Major 3** wandern › S. 66.

Hotels

■ **Berjaya Beau Vallon Bay Resort & Casino**
Beau Vallon
Tel. 4287287][**Fax 4247943**
www.berjaya-beauvallon.com
Strandhotel in üppiger Vegetation mit über 230 großzügigen, stilvoll eingerichteten Zimmern und Suiten, umfangreichem Sport- und Unterhaltungsangebot, Spielkasino, zwei Asien-Restaurants, Pizzeria. ●●●

■ **Le Méridien Fisherman's Cove**
Bel Ombre
Tel. 4677000][**Fax 4620901**
www.lemeridien.com/fishcove
Luxuriöse und traditionsreiche Anlage (gegründet 1943); schickes Spa mit Aromatherapie, Massagen etc.; großes Wassersportangebot inklusive Tauchbasis. ●●●

■ **Augerine Guesthouse**
Beau Vallon][**Tel./Fax 4247257**
www.augerinehotel.com
Gemütliches kleines Hotel mit 15 recht üppig ausgestatteten Zimmern bzw. Suiten mit Meerblick; besonders originelles Strandrestaurant: das Dach bilden die Wurzeln eines auf den Kopf gestellten Takamakabaums. ●●

Echt gut

■ **Sun Resort**
Beau Vallon][**Tel. 4285555**
Fax 4247224][**www.sunresort.sc**
Kleine Anlage in mediterranem Stil etwas abseits vom Strand (3 Min. Fußweg); z.T. für Selbstversorger eingerichtet, aber Restaurant vorhanden. ●●

Le Pti Payot Guest House
Mare Anglaise
Tel. 4261447][**Fax 4261094**
payot@seychelles.net
Gemütliche Selbstversorgerbungalows
mit Veranda, in Hanglage in reizvollem
Tropengarten, mit Meeresblick. ●

Restaurants

La Perle Noire
Beau Vallon][**Tel. 4620220**
Hervorragende kreolische Fisch-gerichte und internationale Küche;
Veranda mit Tropengarten. Nur Abend-essen (19–21.30 Uhr), So geschl. ●●

echt gut!

La Scala
Danzilles][**Tel. 4247535**
Sehr gute italienische Küche, schöner
Meerblick. Nur Abendessen (19.15 bis
21.30 Uhr,) im Juni geschl. ●●

Baobab Pizzeria
Beau Vallon][**Tel. 4247167**
Italienische Gerichte am Strand von
Beau Vallon, besonders preisgünstig.
Tgl. 12–16, 18–22.30 Uhr. ●

Die Nord-halbinsel

Zwischen Beau Vallon und dem
wunderhübsch gelegenen Dörf-chen **Glacis** **4** findet man immer
wieder zwischen den Felsen ver-steckte kleine Sandbuchten. Im
Ort beginnt auch eine kleine loh-nende Wanderung hinauf zum
Wasserreservoir La Gogue und
weiter an die Ostküste nach Anse
Étoile.

Der Schatz von La Buse

Zu Beginn des 18. Jhs. trieb der Pirat Olivier Levasseur sein Unwesen im
Indischen Ozean und fügte der Handelsschifffahrt großen Schaden zu. Wegen
seiner überraschenden, blitzartigen Überfälle wurde er »La Buse«, der Bussard,
genannt. Man nimmt an, dass Seeräuber die Seychellen bereits vor deren offi-zieller Entdeckung regelmäßig aufsuchten, um Trinkwasser aufzunehmen und
ihre Schiffe zu überholen. Warum sollte also La Buse bei einem Besuch nicht
auch seine kostbare Beute irgendwo auf den Inseln vergraben haben? Verbürgt
ist jedenfalls, dass Levasseur 1730 von französischen Militärs gefangen genom-men und auf Réunion hingerichtet wurde. Als der Henker die Schlinge um sei-nen Hals legte, soll La Buse einen Plan herausgezogen und mit den Worten
»Wer ihn entziffert, soll meinen Schatz haben« in die Menge geworfen haben.

Anfang des 20. Jhs. tauchte der angebliche Plan des »Bussards« auf den
Seychellen auf, und man deutete eine gewisse Stelle in Bel Ombre, Mahé, mit
rätselhafte Zeichen an den Felsen als den gesuchten Platz. Als aber nichts wei-ter als Scherben und Gebeine zum Vorschein kamen, wurden die Grabungen
schnell wieder eingestellt. Erst der Engländer Reginald Cruise-Wilkins nahm
sich der Sache wieder an, als er 1948 auf die Seychellen kam. Den Rest seines
Lebens widmete er der Suche nach dem legendären Schatz in Bel Ombre sowie
nach Geldgebern, die er immer wieder aufzutreiben vermochte. Inzwischen ist
Sohn John in die Fußstapfen des Vaters gestiegen und recherchiert weiter.

Östlich der Nordspitze (North Point) liegen an der Hauptstraße entlang der Küste Strände wie der **Carana Beach** 5, der bei Surfern beliebt ist, aber zum Schwimmen recht gefährlich. Immerhin kann man im Schatten einiger Felsen und Bäume hier rasten und die Aussicht genießen.

In **Anse Nord d'Est** 6 findet man die Parfümerie Kreolfleurage, wo man nicht nur Duftwässerchen erstehen kann, sondern auch fachkundige Erläuterungen dazu erhält.

Weiter südlich, an der kleinen **Anse Étoile** 7 mit dem gleichnamigen Ort, mündet der Wanderweg von Glacis › S. 81.

Hotels

■ **Hilton Seychelles Northolme Resort & Spa**
Glacis][Tel. 4299000
www.seychelles.hilton.com
Herrliche Anlage mit 40 exklusiven Villen in landestypischem Stil, am Meer südlich von Glacis mit kleinem Sandstrand. ●●●

■ **Sunset Beach Resort**
Glacis][Tel. 4261111
www.thesunsethotelgroup.com
Kleines Hotel, herrlich auf einem Felsvorsprung am Meer gebaut, umrahmt von üppiger Vegetation; eigener kleiner Strand, Restaurant; keine Kinder unter 10 Jahren (Unfallgefahr). ●●●

■ **Manresa Small Hotel**
Anse Étoile][Tel./Fax 4241388
manresa@intelvision.net
Fünf einfache Zimmer mit Meerblick und ein dazugehöriges Restaurant mit kreolischer Küche; 1,5 km vom Carana Beach entfernt. ●

Restaurant

Le Surmer
Pointe Conan][Tel. 4241811
Gute kreolische Küche, nördlich von Victoria, mit Blick auf Hafen und vorgelagerte Inseln. Tgl. 7.30–23 Uhr. ●

Shopping

Kreolfleurage
Anse Nord d'Est][Tel. 4241329
www.kreolfleurage.com
Ambre Vert, Bambou oder Bwanwar heißen drei **exotischen Parfüms,** die hier seit 1988 mit Erfolg nicht nur auf den Seychellen verkauft werden. Mo–Fr 9–17, Sa 9–14 Uhr.

Ste. Anne Marine National Park 8

Vor Mahés Ostküste erstreckt sich der Meeresnationalpark rund um die fünf kleinen Inseln Sainte Anne, Cerf, Long(ue), Moyenne und Ronde/Round. Der Fischreichtum des Meeresschutzgebietes ist besonders groß, weil die Tiere zum Teil gefüttert werden.

Ausflugsfahrten zum Ste. Anne Marine National Park bieten die örtlichen Reiseunternehmen an. Die Boote starten zumeist von der Anlegestelle der Marine Charter Association direkt an der 5th June Avenue, Victoria. Für Schiffsausflüge ab Mahé wird ein **Boot mit** **einem verglasten, tiefen Rumpf** benutzt, in dem die Passagiere sitzen und in die Unterwasserwelt hinausschauen können – eine eindrucksvolle und bequeme Art, sich mit dem Meeresleben der

Kinder vor einem Glasbodenboot, das zum Ste. Anne National Park fährt

Seychellen vertraut zu machen, ohne nass zu werden. Bei den Ausflügen sind in der Regel ein Schnorchelgang und der Besuch der Inseln Cerf oder Moyenne zum Mittagessen vorgesehen.

Seit einigen Jahren gibt es auf **Ste. Anne** (2,2 km²) und **Cerf** (1,3 km²) Unterkünfte, weitere Luxushotels entstehen auf der ehemaligen Gefängnisinsel **Long** und auf **Round.** Das neue Round Island Resort besteht aus 10 Chalets mit jeweils eigenem Strandzugang und Pool (www.enchanted seychelles.com).

Zwischen Mahé und Cerf Island entstand vor wenigen Jahren

Brendon Grimshaws Insel

Wie ihr Name vermuten lässt, liegt Moyenne mitten in der Inselgruppe des Ste. Anne Marine National Park. Ein Wanderweg führt durch das nur 10 ha große, dicht bewachsene, hügelige Eiland. Man findet dort Piratengräber und schöne Aussichtspunkte. Zur Einkehr verführt das gute Inselrestaurant »Jolly Roger's«, bei dem auch schon mal eine Riesenlandschildkröte vorbeikommt, um die Gäste zu begrüßen oder auch nur, um zu sehen, ob vielleicht ein Stück Papaya abfällt. Über hundert Riesenlandschildkröten und über 2000 Vögel nennen die Insel ihr Zuhause. Obwohl viele Fremde Moyenne im Rahmen organisierter Ausflüge besuchen, fühlt man sich hier wirklich als Gast – nicht zuletzt, weil es Inselbesitzer Brendon Grimshaw versteht, seine Gäste mit kurzweiligen Anekdoten zu unterhalten. Diese handeln von Piraten, von Inselgeistern, die sich nicht nur um Mitternacht bemerkbar machen, oder von jenem Schatz, der auf Moyenne versteckt sein soll. Man erfährt auch, dass Grimshaw selbst beim Versuch, danach zu graben, eine gründliche Warnung erhalten hat – in Form zweier herabfallender Kokosnüsse. Seitdem hat er den Spaten nicht mehr angerührt.

eine künstliche neue Insel namens **Eden Island,** die ein Steg mit der Hauptinsel verbindet. Während es für Ausländer ansonsten sehr schwierig ist, auf den Seychellen Grundstücke zu erwerben, steht diese Kunstinsel zum Verkauf. Wer hier ein Grundstück mit Villa oder eine Wohnung erwirbt, erhält zugleich eine Aufenthaltsgenehmigung für sich und seine Familie (www.edenisland.sc).

Hotels

■ **Cerf Island Resort**
Tel. 4294500][**Fax 4294511**
www.cerf-resort.com
Exklusive Zimmer in 12 eleganten Villen in üppiger Vegetation auf Cerf Island. ●●●

■ **L'Habitation Cerf Island**
Tel. 4323111][**Fax 4321308**
www.seychelles-resa.com
Kleines Inselhotel im Stil eines Pflanzerhauses mit 12 Gästezimmern; kreolisches Restaurant. ●●●

■ **Sainte Anne Resort & Spa**
Tel. 4292000][**Fax 4292001**
www.sainteanne-resort.com
Luxus für die ganze Familie im stilvollen Hotel mit 87 Villen und vier Restaurants, mit Spa und Kinderclub. ●●●

4 **Die Sans Souci Road

Wenn man am Rande von Victoria in die Bel Air Road abbiegt, gelangt man zur rund 14 km langen Sans Souci Road, einer der spektakulärsten Strecken quer über die Insel, die an zahlreichen Sehenswürdigkeiten vorbeiführt.

Auf dieser steilsten Passstraße der Insel passiert man zunächst die Ausgangspunkte für die Wanderungen auf die Trois Frères (Tour 8, > S. 68) und die Copolia (Tour 9, > S. 69).

Einen ersten Ausblick auf die Westküste erlebt man bereits an den Ruinen der ehemaligen **Mission Lodge 9**, auf die man kurz hinter der Passhöhe (ca. 500 m ü.NN) trifft. Eine Allee riesiger Drachenblutbäume *(sandragon)* führt zum Aussichtspunkt mit Picknickplatz. Kirchliche Organisationen errichteten die Lodge 1875 als Herberge für befreite Sklaven. In Venn's Town, wie der Ort seinerzeit hieß, entstand auch eine der ersten Schulen der Seychellen. Die relativ unscheinbare Attraktion soll in naher Zukunft durch ein Besucher- und Informationszentrum aufgewertet werden.

Einen Halt sollten Sie auf jeden Fall auch am Kiosk der **Tea Factory 10** einlegen, um gleich einen Teevorrat für zu Hause mitzunehmen. Hier ist er garantiert frisch und die Auswahl am größten (Mo–Fr 7–16 Uhr, Führungen durch die danebenliegende Fabrik Di–Fr 8.30–12 Uhr).

Die Teebüsche wurden 1962 aus Kenia eingeführt und gediehen in dieser niederschlagsreichen Berggegend so gut, dass heute der Eigenbedarf des Landes an Tee gedeckt werden kann. Die Anbaufläche nimmt mittlerweile etwa 110 ha ein. In kleinen, polsterähnlichen Büscheln wächst auf den Feldern bei der Teefabrik

Echt gut

außerdem Zitronengras, aus dem ein sehr erfrischendes Aufgussgetränk gebrüht wird.

Oberhalb des Kiosks weist ein Schild den Wanderweg auf den **Morne Blanc** (667 m) – ein kurzer, aber nicht zu unterschätzender Aufstieg zu einem tollen Aussichtsgipfel (240 Hm, 2 Std. hin und zurück).

Westlich der Teefabrik führt die Straße sehr kurvenreich hinunter nach **Port Glaud** 11. Hinter jeder Biegung eröffnet sich ein anderer Ausblick – zumindest für die Mitfahrer, denn am Steuer ist volle Konzentration gefordert. Deshalb sollte man ruhig einmal an einer übersichtlichen und geeigneten Stelle anhalten und die herrliche Aussicht auf die Westküste mit ihren türkisfarbenen Lagunen und den vorgelagerten Inseln genießen.

Tee gedeiht bestens in den höheren Lagen von Mahé

Hotel

Eden's Holiday Villas
Port Glaud
Tel. 4378333][Fax 4378160
www.thesunsethotelgroup.com
Acht Bungalows in Hanglage für Selbstversorger, mit eigenen Gärtchen sowie Aussicht auf die Bucht und die Nachbarinselchen, besonders reizvoll bei Sonnenuntergang. ●●

Restaurant

Tea Tavern
Morne Blanc][Tel. 4378342
Das Café neben der Teefabrik bietet neben hervorragendem Tee auch andere Getränke sowie zur Stärkung kleine Imbisse – schöne Aussicht inklusive.

Mo–Sa 9–16 Uhr. ●

Die schönsten Aussichtspunkte auf Mahé

Echt gut!

■ Vom Aussichtspunkt **Trois Frères** haben Sie fast einen Rundblick auf den gesamten Norden Mahés. ❯ S. 69

■ Das Gipfelplateau der **Copolia** eröffnet herrliche Blicke auf den gesamten Nordteil der Ostküste und die Nachbarinseln im Osten. ❯ S. 69

■ Von der **Montagne Brûlée** eröffnet sich ein weiter Blick auf den Süden Mahés und beide Küsten. ❯ S. 70

■ Von **Bel Eau**, der Kurve in der Liberation Road nördlich des Botanischen Gartens ❯ S. 75, überblickt man Victoria und das Hafenbecken.

■ Von der **Mission Lodge** erblicken Sie Grand' Anse und andere Abschnitte der Westküste. ❯ S. 84

■ In der **Tea Tavern** genießt man zum Tee den Blick auf die Westküste und die Inselchen davor. ❯ links

Korallenriffe faszinieren mit ihrer Vielfalt

Port Launay 12 /
Baie Ternay 13

Prächtige Ausblicke aufs Meer und die beiden Eilande Thérèse und Conception bieten sich von der schmalen Küstenstraße aus, die von Port Glaud anfangs durch Mangrovensumpfgebiet in Richtung Nordwesten verläuft. Etwa 1,5 km nordwestlich von Port Glaud wartet **Port Launay** mit einem Bilderbuchstrand auf, der zum Schwimmen und Schnorcheln einlädt.

Nördlich davon liegt die **Baie Ternay,** eine hübsche, zwischen Felsen eingebettete Sandbucht. Das vorgelagerte **Korallenriff ist ein hervorragendes Schnorchelrevier** und als **Marine National Park** geschützt. Der Fahrweg endet hier am Gelände des Lagers des inzwischen aufgelösten National Youth Service (NYS); weiter zur Beau Vallon Bay › S. 79 führt nur ein kleiner Pfad.

Echt gut!

Hotel

Constance Ephélia Resort
Port Launay
Tel. 4395000][**Fax 4395001**
www.epheliaresort.com
2010 eröffnete das Luxushotel mit 225 Suiten, Ferienvillen unterschiedlicher Größe, eigenem Zugang zu zwei herrlichen Stränden und »Spa Village« im hoteleigenen Tropengarten. ●●●

*Grand' Anse 14

Südlich von Port Glaud findet man die **großartigste Bucht von Mahé.** Sie blieb bisher völlig naturbelassen, hat makelloen feinen weißen Sand. Grand' Anse hat kein vorgelagertes Korallenriff, dafür rollen wunderschön anzusehende, glasklare Wellen direkt auf den Strand.

Echt gut

[!] Vorsicht vor Unterströmungen! Wird man erst einmal hinausgezogen, ist an Rettung kaum zu denken – Boote sind nicht vorhanden, und meistens halten sich nur wenige Leute am Strand auf.

Hotel

Le Méridien Barbarons
Barbarons
Tel. 4673000][Fax 4673352
www.lemeridien.com/barbarons
Die große Anlage bietet alle Annehm-
lichkeiten. Strandwanderer und Jogger
schätzen den weiten Hotelstrand. Das
Meer ist eher flach und mit Korallengestein durchsetzt. ●●●

Anse Boileau 15 / Anse Louis 16

In die von einem Korallenriff ab-
geschlossene flache Bucht **Anse
Boileau** mündet von Norden her
der Caiman River. In ihm könnten die französischen Entdecker –
wenn sie denn hier an Land ge-
gangen sein sollten – die im
Logbuch von Lazare Picault er-
wähnten Krokodile beobachtet
haben, die es damals noch auf den
Seychellen gab.

Südlich anschließend liegt vor
einer Landzunge der wenig be-
suchte kleine Strand der **Anse
Louis** mit seinem herrlichen pu-
derweißen Sand. Dahinter sind
über den kleinen Hügel der Halbinsel die Villen des Maia Luxury
Hotel versprengt, die mit ihren
spitzen Dächern aus der Entfernung wie riesige Pilze aussehen.

Hotel

Maia Luxury Hotel & Spa
Anse Louis
Tel. 4390000][Fax 4355476
www.maia.com.sc
30 luxuriöse, stilvoll eingerichtete
Villen in ruhiger Strand- oder Hang-

lage, breitgefächertes Spa-Angebot,
spezielles Programm für Kinder. ●●●

Anse à la Mouche 17

Die von einem Korallenriff abge-
schlossene Anse à la Mouche besitzt einen schönen Strand, aber
sehr flaches Wasser. Bei Ebbe fällt
die Bucht zum Teil sogar völlig
trocken und bietet dann der Dorf-
jugend ausgedehnten Platz für
ausgiebige Fußballspiele.

Im Zentrum der Bucht biegt
nach rechts die Les Cannelles
Road ab, an der einige Hundert
Meter landeinwärts der **Bildhauer Tom Bowers seine Werkstatt**
hat. Sollten Sie an einem exklusiven und zugegebenermaßen nicht
ganz billigen Mitbringsel von den
Seychellen interessiert sein, lohnt
sich der Besuch bestimmt (Tel.
4371518, Mo–Sa 9–17.30 Uhr).

Hotels

■ **Blue Lagoon Chalets**
Anse à la Mouche
Tel. 4371197][Fax 4371565
www.seychelles.net/bluelagoon
Vier modern ausgestattete Selbstversorgerbungalows mit je 2 Schlafzimmern und großen Wohnzimmern;
riesiger, sehr gepflegter Garten – toll
auch für Kinder. ●●

■ **La Résidence Villas & Apartments**
Anse à la Mouche
Tel. 4371733][Fax 4372258
www.residence-seychelles.com
Komfortable Bungalows und Apartments für Selbstversorger, schön oberhalb der Bucht gelegen. ●

Anse Soleil – ein hervorragendes Plätzchen zum Abschalten

Anse Soleil **18** /
Petite Anse **19**

Echt gut

Über einen schmalen Weg erreicht man von der Hauptstraße aus die schönen abseits gelegenen Strände Anse Soleil und Petite Anse. Beide empfehlen sich zum Baden und Schnorcheln und sind oft menschenleer, außer an Sonntagen, wenn die Seycheller zum Picknick hierherkommen. Die von schattigen Takamakabäumen und rotbraunen Granitfelsen eingerahmte Petite Anse wird zu Recht als eine der schönsten Buchten Mahés bezeichnet, die letzten 20 Minuten Fußweg zum Strand lohnen sich.

An der Hauptstraße, bei der **Anse aux Poules Bleues**, hat in

Die Bucht der Entdecker

1742 hatte Lazare Picault Mauritius mit dem Auftrag verlassen, einen direkten Seeweg von dort nach Indien auszukundschaften und dazu das Gebiet nordöstlich von Madagaskar genauer unter die Lupe zu nehmen. Drei Monate war er bereits auf seinem Schiff »Elisabeth« herumgekreuzt, und der Wasservorrat ging zur Neige, als der Ausguck Land ankündigte. Beim Näherkommen entpuppte es sich als eine grüne, bergige Insel. Vor einer Bucht der Südwestküste ließ Picault Anker werfen und das Beiboot aussetzen. Ohne Schwierigkeiten erreichte die Mannschaft den sandigen, von Kokospalmen gesäumten Strand, an dem sie wenig später auf das ersehnte Süßwasser stieß. Der Kapitän taufte die Bucht »Port St. Lazare« und vermerkte in seinem Logbuch, dass sie keine Spuren von Menschen, dafür aber Unmengen von Vögeln und Fischen sowie etliche Landschildkröten und Krokodile gefunden hätten. Picault gönnte seiner Mannschaft fünf Tage Rast, ließ das Schiff mit Kokosnüssen und Schildkröten beladen und kehrte mit seiner Neuigkeit wieder nach Mauritius zurück. Experten, die sich mit Picaults Logbüchern näher beschäftigt haben, bezweifeln, dass die französischen Entdecker gerade dort an Land gingen, wo heute das Denkmal steht. Bestimmte Beschreibungen deuten eher auf die weiter nördlich gelegene Anse Boileau.

einem hübschen kreolischen Haus der bekannteste Maler der Seychellen, **Michael Adams, sein Atelier** eingerichtet (Tel. 4361006, www.michaeladamsart.com, Mo bis Fr 10–16, Sa 10–12 Uhr). Der gebürtige Engländer ließ sich 1972 auf Mahé nieder, seine Bilder mit Motiven aus dem Seychellen-Alltag sind inzwischen nicht nur in Galerien der Insel, sondern auch in Europa zu finden.

Die Seychellen aus der Perspektive des Malers Donald Adelaide

Hotel

Anse Soleil Beachcomber
Anse Soleil
Tel. 4361461][**Fax 4361460**
Die **nette kleine Pension** liegt direkt an der reizvollen Anse Soleil. Hier kann man auch eine Erfrischung und einen Imbiss bekommen. ●●

Baie Lazare 20

Ihren Namen erhielt die Bucht von dem französischen Kapitän Lazare Picault, dessen Mannschaft Mahé im Jahre 1742 entdeckte. Ein schlichtes Denkmal neben der Straße erinnert an diese historische Begebenheit > Exkurs links.

Heute ist Baie Lazare auch eine Bucht der Künstler: In der Ortschaft Baie Lazare (bei der Tankstelle) geht es rechts zum kleinen Atelier des Malers Donald Adelaide, dessen Bilder die intensiven, leuchtenden Farben der Seychellen widerspiegeln (Tel. 2574853, Mo–Sa 9–18 Uhr). Im Valmer Resort gibt es eine Galerie des Malers Gerard Devoud. Und in der Anse Gouvernement hat der italienischstämmige Bildhau-

er Antonio Filippin seine Yellow Gallery mit Studio (Tel. 2510977, tgl. 10–19 Uhr).

Hotel

■ **Four Seasons Resort**
Baie Lazare
Tel. 4393000][**Fax 4393001**
www.fourseasons.com/seychelles
Neues Luxushotel mit 67 originellen Villen, die teilweise auf Stelzen zwischen den Baumwipfeln stehen und tolle Aussichten bieten. ●●●

■ **Kempinski Seychelles Resort**
Baie Lazare
Tel. 4386666][**Fax 4386690**
www.kempinski.com/seychelles
Ein weiteres Luxushotel mit 143 Gästezimmern auf weitläufigem Gelände mit umfangreichem Freizeitangebot. Auch für Kinder gut geeignet. ●●●

Valmer Resort
Baie Lazare
Tel. 4381555][**Fax 4361159**
www.valmerresort.com
Kleine Anlage für gehobene Ansprüche mit Zimmern, Wohnungen und Chalets; für Selbstversorger ausgestattet, Restaurant vorhanden. ●●●

Der Strand der Anse Intendance ist fast 800 m lang

Anse Taka- maka 21 / Anse Intendance 22

Die **Anse Takamaka** empfiehlt sich mit ihrem feinen, strahlend weißen Sand und grandiosen Sonnenuntergängen. Nur das Baden an dem schönen ruhigen Strand ist leider bei hohem Wellengang recht gefährlich.

Südlich davon, an der **Anse Intendance,** besaß bereits Beatle George Harrison ein Stückchen Land. Von Mai bis September muss man hier mit hohen Wellen rechnen, doch zum Sonnenbaden und für ein Picknick ist der Strand allemal geeignet.

Hotel

Banyan Tree Seychelles
Anse Intendance
Tel. 4383500][Fax 4383600
www.banyantree.com/en/seychelles

Jede der 60 Villen in Traumlage über dem Meer hat einen eigenen Pool und jeden erdenklichen Luxus; exklusiver Wellnessbereich. ●●●

Restaurant

Chez Batista
Anse Takamaka][Tel. 4366300
Gute kreolische Küche und fang- frische Fischgerichte kommen direkt am Strand auf den Tisch. Das Restaurant ist bei Einheimischen sehr beliebt und vermietet auch Bungalows. Mo 12.30–15.30, Di–So 10–22 Uhr. ●●

Die Mont Fleuri Road

Von Victoria verlaufen zwei Straßen parallel entlang der Ostküste: Eilige nehmen die Bois de Rose Avenue zum Providence Highway, der einzigen Schnellstraße des Landes, die über Gelände verläuft, das erst in den letzten Jahren durch künstliche Landgewinnung entstand. Die schönere alte Küstenstraße Richtung Flughafen, die Mont Fleuri Road, führt am **Botanischen Garten** › S. 75 vorbei.

Wer an zeitgenössischer Malerei interessiert ist, sollte in **Les Mamelles** 23 (Rechtsabzweig von der Mt. Fleuri Rd. 1 km südlich von Plaisance) unbedingt beim **Atelier von Gerard Devoud** vorbeischauen (tgl. 8–19 Uhr).

Ansprechende Souvenirs für jeden Geldbeutel sind gleich gegenüber dem Atelier in der **Töpferei Seypot** zu erwerben. Man kann zudem einen Blick in die Werkstatt werfen und den Kunsthandwerkern bei der Entstehung der Keramiken zusehen (Mo bis Fr 8–16 Uhr).

Weiter südöstlich an der Mont Fleuri Road präsentiert sich der hübsche Ort **Cascade** 24 mit einer weiten Bucht und einem von hohen Felsen ins Meer stürzenden Bach, mit bunten Fischerbooten und einem kleinen Markt sowie der über der Küste thronenden Kirche St. Andrew's.

Die Mont Fleuri Road trifft dann schließlich kurz vor dem **Seychelles International Airport** wieder mit dem Providence Highway zusammen.

Anonyme 25

Das direkt vor dem Flughafen liegende Granitinselchen Anonyme haben die meisten Seychellenreisenden im Anflug schon einmal von oben gesehen. Die Gewässer um die 10 ha große Privatinsel

mit ihrer vielfältigen Vegetation sind als schöne Schnorchelgebiete bekannt. Das kleine Inselhotel mit Restaurant hat inzwischen jedoch wieder geschlossen.

Anse aux Pins 26

Direkt an der Küstenstraße bei der Anse aux Pins liegt der **Seychelles Golf Club,** der älteste Golfplatz der Seychellen und der einzige auf Mahé. Gastspieler sind durchaus willkommen, die komplette Ausrüstung gibt es im Klubhaus zu leihen (Tel. 4376234). Der

Seychelles International

Der auch unter dem Beinamen »Pointe Larue« bekannte internationale Flughafen mit dem Inter-Island Terminal für Inlandsflüge und dem großen Terminal daneben erwacht nur zum Leben, wenn eine Maschine auf internationalem Linienflug startet oder landet. Der Flughafen wurde ab 1969 gebaut und 2006 umfangreich renoviert. Da sich auf der bergigen Insel Mahé kein geeignetes Gelände fand, schüttete man die Lagune an der Pointe Larue zu und gewann so Land für eine gut drei Kilometer lange Start-/Landebahn. 1972 übernahm Königin Elisabeth II. die Einweihung. Ohne den internationalen Flughafen wären die Seychellen als eigenständiger Staat kaum überlebensfähig gewesen, und auch der Fremdenverkehr hätte ohne ihn nicht Fuß fassen können (Flughafen- und Flugplaninformationen: www.scaa.sc).

Kurs verfügt zwar nur über neun Löcher, erstreckt sich dafür aber äußerst attraktiv zwischen Kokospalmen. Ein Schild am Eingang warnt also zu Recht vor herabfallenden Nüssen.

*Domaine de Val des Près 27

Kurz nach der Abzweigung der Montagne Posée Road weist ein Schild auf die »Domaine de Val des Près«. Mittelpunkt der Anlage ist **Grann Kaz,** ein renoviertes und mit Originalmöbeln ausstaffiertes Kolonialhaus aus dem Jahr 1870, das als Museum einen Eindruck vom Lebensstil einer reichen Pflanzerfamilie vermittelt. Rund um das alte Haus steht ein Dutzend Pavillons, die an diverse Künstler und Kunsthandwerker vermietet sind. Sie bilden das **Craft Village** oder *Vilaz Artizanal.* Man kann beim Tischlern, Schnitzen, Flechten und Schneidern zuschauen und die fertigen Erzeugnisse gleich erwerben (Mo bis Fr 8–16, Werkstätten 8 bis 17 Uhr). Auch der zeitgenössische Künstler Colbert Nourrice hat hier sein Atelier (Tel. 2519640, Mo–Sa 9–17 Uhr).

Daneben gibt es noch ein typisches Wohnhaus einer Arbeiterfamilie aus dem 20. Jh. (*Lakaz Rosa*) und das ***Maison de Coco** zu bestaunen, das ganz aus Bestandteilen der Kokospalme bzw. -nuss gebaut wurde und in dem es zahlreiche Kokosnusserzeugnisse zu kaufen gibt.

La Plaine Saint André 28

Direkt an der Straße, auf dem Gelände der ehemaligen Plantage La Plaine Saint André, befindet sich die Schiffsmodellwerkstatt **La Marine Ltd.** Man kann zuschauen, wie maßstabsgetreue Modelle *(maket)* von Segelschiffen vergangener Jahrhunderte in kunstvoller Handarbeit entstehen. In den großen Exemplaren stecken bis zu 1500 Arbeitsstunden, die fertigen Maquettes kosten zwischen 80 und 2000 € (Mo bis Fr 7.30–18 Uhr, Sa 8–17, So 9–12.30 und 14–17 Uhr).

Anse Royale 29

Eine der wenigen guten Möglichkeiten zum Schwimmen an dieser Seite der Insel besteht am Anfang der Ortschaft Anse Royale, der ältesten Siedlung der Seychellen. Parken Sie Ihr Fahrzeug am besten direkt am Strand (gegenüber der Tankstelle). Von hier sind es nur wenige Schritte bis zum Wasser, das von einem Korallenriff geschützt ist und schnell auf etwa drei Meter Tiefe abfällt.

5 *Jardin du Roi 30

Der Name Anse Royale (»königliche Bucht«) geht zurück auf den Jardin du Roi, den »Garten des Königs«, den die Franzosen 1772 in dieser Gegend anlegten, um den Gewürzanbau zu entwickeln 〉 S. 48. Schon acht Jahre später brannten die Franzo-

Die Werkstatt von La Marine Ltd. ist einen Besuch wert

sen selbst diese Pflanzung nieder, weil sie eines ihrer eigenen Schiffe irrtümlich für ein feindliches hielten und fürchteten, man wolle ihre Pflanzen stehlen.

Zum heutigen Garten – einem Nachbau des Pflanzeranwesens – biegt man in Anse Royale rechts in die Les Cannelles Road ein, bald danach geht es links ab (Hinweisschilder an der Straße). Der Abstecher lohnt sich, denn hier gedeihen jene Pflanzen, die Gewürze wie Nelken, Zimt, Vanille, Pfeffer, Ingwer und Muskatnuss liefern. Ein Teil wird gleich vor Ort zu Gewürzen, Arzneien und Kerzen verarbeitet und verkauft – ein schönes Mitbringsel.

Auf diversen Wanderwegen kann man das Gelände erkunden (tgl. 10–17.30 Uhr), nach Anmeldung gibt es auch geführte Bergtouren. Ein kleines Restaurant mit herrlichem Blick aufs Meer bietet tropische Cocktails, Crêpes und kreolische Spezialitäten an (Tel. 4371313; tgl. 10–17.30 Uhr; ●).

Hotels

■ **Allamanda Beach Resort & Spa**
Anse Forbans][Tel. 2599895
www.allamanda-seychelles.com
Kleines, aber feines Hotel mit 26 modernen Zimmern, Spa und Restaurant mit mediterraner Küche. ●●●

■ **Le Relax Hotel & Restaurant**
Anse Royale
Tel. 4382900][Fax 4371900
www.lerelaxhotel.com
Am Hang oberhalb der Bucht gelegenes, sehr gut ausgestattetes Gästehaus mit Pool. Das Restaurant wartet u.a. mit indisch-kreolischer Küche auf. ●●

■ **Chalets d'Anse Forbans**
Anse Forbans][Tel. 4366111
Fax 4366161][www.forbans.com
Gut ausgestattete Bungalows für Selbstversorger am Strand. ●●

Restaurant

Kaz Kreol
Anse Royale][Tel. 4371680
Beliebtes Restaurant mit günstigen Preisen, sehr guter kreolischer Küche und Spitzenservice; unter deutscher Leitung, mit einheimischem Koch. ●

Praslin

Nicht verpassen!

- Zum Sonnenaufgang am Strand der Côte d'Or entlangspazieren
- Den Vögeln im Vallée de Mai lauschen
- Die Schildkrötenzucht auf Curieuse besichtigen
- Am Korallenriff bei St. Pierre schnorcheln
- Am Flughafen zusehen, wie die Flugzeuge über die Straße einfliegen

Zur Orientierung

Bei seiner zweiten Erkundungsfahrt zu den Seychellen 1744 entdeckte Lazare Picault die Insel,
der er den naheliegenden Namen
»Île aux Palmes« gab. Dabei war
ihm noch nicht klar, dass er die
Heimat einer der seltensten und
ungewöhnlichsten Pflanzen der
Welt entdeckt hatte: die Seychel-
lennuss- oder Coco-de-Mer-Pal-
me. Aber nicht nur diese bestimmen heutzutage die Vegetation
der Insel, die später zu Ehren eines französischen Diplomaten,
des Herzogs von Praslin, umge-
tauft wurde. Auf Plantagen gedeihen Kokospalmen, Papayas, Mangos und Passionsfrüchte.

Im Vergleich zu Mahé ist die
37 km nordöstlich gelegene zweitgrößte Seychelleninsel nur leicht
hügelig und an der höchsten Stelle nur 367 m hoch. Folglich fallen
die Niederschläge nicht so reichlich aus wie auf Mahé, und in der
Jahresmitte wird sogar die Was-
serversorgung bisweilen unter-
brochen.

Die gut 7000 Bewohner leben
von Tourismus, Fischerei und
Landwirtschaft. Die beiden
Hauptorte sind Grand' Anse an
der Südwestküste und Baie Ste.
Anne im Südosten mit dem einzigen geschützten Hafen. Die dritte
größere Ansiedlung liegt an der
lang gezogenen Côte d'Or (Anse

Volbert im Nordosten, wohin es
auch die meisten Touristen zieht.

Hauptattraktion ist das Weltnaturerbe Vallée de Mai mit den er-
wähnten Seychellennusspalmen.
Allein ihretwegen kommt täglich
eine große Anzahl von Besuchern
auf die Insel. Dennoch ist Praslin
wenig überlaufen, hat seinen
Charme bewahrt und dazu Strände, die jene Mahés an Schönheit
noch übertreffen – allerdings sind
sie teilweise auch schwieriger zu
erreichen.

Zwar sind die Straßen in gutem
Zustand, doch ist es nicht möglich, die Insel mit dem Auto zu
umrunden. Es gibt dafür einla-
dende Wanderwege, und man
kann – mit einigen Ausnahmen –
besser als auf Mahé Fahrrad fahren. Mit dem Mietauto oder dem
Bus lässt sich die Insel zwar an
einem Tag kennenlernen, doch es
lohnt sich, länger zu verweilen.

Blick vom Inselchen St. Pierre auf
die Anse Volbert von Praslin

Touren in der Region

Fahrt über die Insel

⑩ Anse Volbert › Baie Ste. Anne › Anse Consolation › Grand' Anse › Anse Kerlan › Grand' Anse › Vallée de Mai › Baie Ste. Anne › Anse Volbert

Länge: ca. 35 km; 6 Std.
Praktische Hinweise: Für die Tour benötigt man einen Mietwagen. Da es im Nordwesten keine Verbindungsstraße zwischen den Küsten gibt, ist eine Rundfahrt im strengen Sinn nicht möglich.

Ausgangspunkt der Beinahe-Rundfahrt ist die populäre Badebucht *Anse Volbert › S. 101 mit ihrem langen feinsandigen Strand. Von der Côte d'Or führt die Tour Richtung Südosten zunächst zur Baie Ste. Anne › S. 104. Eng am Rand der weitläufigen Bucht entlang geht es bis zu der Landzunge, welche die Baie im Süden begrenzt. Hier biegen Sie rechts ab auf eine Straße, die über gut 2 km in recht schlechtem Zustand und teilweise auch sehr steil ist, bis Sie an der idyllischen Anse Consolation › S. 107 auf die Ausbaustrecke treffen.

Von hier aus verläuft die Küstenstraße nach Nordwesten reizvoll am Meer entlang durch die Ortschaft Grand' Anse › S. 107 und vorbei am Flughafen Île des Palmes und der Praslin Ocean Farm › S. 108, wo man sich über

Austernzucht informieren und Perlenschmuck erwerben kann. Dahinter macht die Straße einen Rechtsbogen ins Landesinnere, um dann zwischen Anse Kerlan und Petite Anse Kerlan › S. 112 wieder zur Küste zurückzukehren. An diesem Abschnitt hat man eine schöne Aussicht auf die etwa 3 km entfernte Insel Cousin, und die Strände am Ende der Straße bieten sich für eine schöne Halbzeitpause an.

Danach fahren Sie zunächst auf derselben Strecke wieder zurück, biegen jedoch etwa 1 km hinter Grand' Anse nach links zum ***Vallée de Mai › S. 105 ab. Dort sollten Sie anhalten und das Weltnaturerbe zu Fuß besichtigen › S. 98. Etwa 600 m unterhalb des Parkplatzes sehen Sie übrigens am Straßenrand einen hübschen Wasserfall. Wenn Sie nun in Richtung Osten auf der Hauptstraße weiterfahren, gelangen Sie wieder zur Baie Ste. Anne. Biegen Sie nach links ab und nehmen Sie dann nach etwa 1,5 km die Abzweigung, die Sie zurück zur *Anse Volbert bringt.

Salazie- und Pasquiere-Pfad

⑪ Grand' Anse › Anse Volbert › Anse Possession › Grand' Anse

Länge: 9 km; 4 Std.
Praktische Hinweise: Relativ leichte Wanderung mit Ausgangspunkt im Ort Grand' Anse an der Westküste.

Der Salazie-Pfad ist einer von zwei Wanderwegen, die von Grand' Anse quer über die Insel zur Nordostseite führen. Während der Pasquiere-Pfad vom Salazie-Pfad abzweigt und an der Anse Possession endet, führt der etwas längere Salazie Track geradewegs zur Côte d'Or. Im Unterschied zur Autostraße nutzen die beiden Wanderwege das weniger hügelige Gelände, enthalten keine extremen Steigungen und lassen sich zu einem improvisierten Rundweg verbinden.

Der Ausgangspunkt beider Wanderungen liegt in der Ortschaft **Grand' Anse** ❯ S. 107. Biegen Sie an der Kirche ins Inselinnere ab, gehen Sie am Britannia Restaurant vorbei, und folgen Sie der asphaltierten Straße und dem sich anschließenden Feldweg etwa eine halbe Stunde bergauf, wobei Sie vereinzelt stehende Häuser passieren. An der Abzweigung des Pasquière Track halten Sie sich rechts, überqueren drei kleine Holzbrücken und wandern anschließend noch ein Stück bergauf, bis Sie die **Passhöhe** erreicht haben. Von hier aus haben Sie, wenn Sie sich umdrehen, einen herrlichen Ausblick auf die Inseln Cousin und Cousine.

Nun beginnt der Abstieg zur schönen Badebucht ***Anse Volbert** ❯ S. 101, wo der Weg an der Küstenstraße endet. Am weitläufigen Strand finden Sie gute Möglichkeiten für eine Rast. Auch in den umliegenden Restaurants können Sie sich stärken, und wenn Sie Proviant einkaufen

Die 2,5 km lange Anse Volbert

möchten, gibt es auch kleine Geschäfte entlang der Küstenstraße.

Folgen Sie anschließend dieser Hauptstraße in Richtung Westen. Hinter dem Paradise Sun Hotel verlassen Sie für einen knappen Kilometer die Küste dort, wo eine kleine Landzunge ins Meer ragt.

Am Südrand der pittoresken **Anse Petite Cour** sehen Sie das Meer wieder vor sich und folgen dem Küstenverlauf bis zur Mitte der **Anse Possession** mit ihren schönen Granitformationen. Achten Sie dort auf die Abzweigung des Pasquière Track, der wieder zur Inselmitte führt, und zwar in Richtung Südsüdost. Nach 1,5 km stoßen Sie erneut auf den Salazie Track. Biegen Sie an der Abzweigung rechts ab, und Sie erreichen wieder **Grand' Anse,** den Ausgangspunkt Ihrer Wanderung.

Wanderung durch das Vallée de Mai

━⑫━ Rundweg ab Parkeingang und zurück

Länge: 2–3 Std.
Praktische Hinweise: Um den Besuchermassen zu entgehen, sollte man seinen Besuch auf den frühen Morgen oder späten Nachmittag legen. Beim Zahlen des Eintrittsgeldes (ca. 18 €) wird ein recht informatives Faltblatt ausgehändigt, und im Laden vor dem Parkeingang ist weitere hilfreiche Literatur erhältlich.

Mehrere Wege erschließen das von einem Bach durchflossene *****Vallée de Mai ❯** S. 105. Man kann sie alle innerhalb von zwei bis drei Stunden ablaufen oder sich für eine Abkürzung entscheiden. Die eigentliche Wegstrecke, die einige leichte Steigungen (mit Treppen) beinhaltet, ist nicht lang, doch man sollte den Pflanzen Zeit widmen und auch nach den seltenen Vögeln und anderen Tieren Ausschau halten, die den Nationalpark bevölkern.

Den großen Rundweg, den Circular Path um das Tal, beginnen Sie gleich hinter dem Eingang. Nach wenigen Metern teilt sich der Weg. Wenn Sie den Weg entgegen dem Uhrzeigersinn begehen, biegen Sie an dieser Abzweigung rechts ab und steigen zunächst eine Treppe hinauf, an deren Ende Sie bald in einen Hain mit jungen Seychellennusspalmen geraten. Der Weg schlängelt sich

noch ein Stück weiter und knickt dann nach links ab. Kurz darauf gelangen Sie zur nächsten Abzweigung auf der linken Seite: Der *Cedar Path* verbindet den Rund-

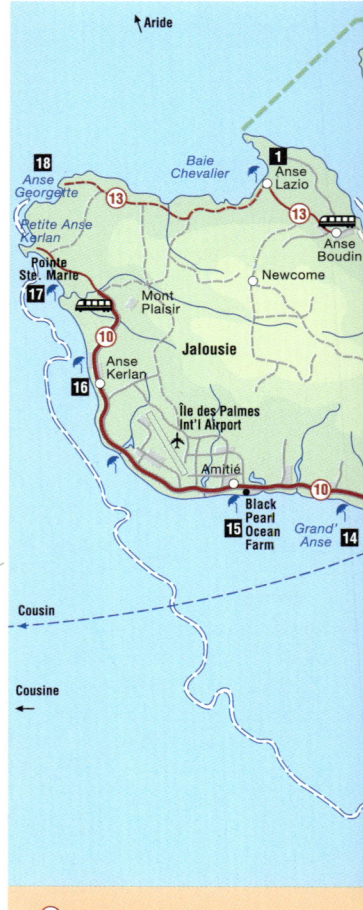

━⑩━

Fahrt über die Insel Anse Volbert ❯ Baie Ste. Anne ❯ Anse Consolation ❯ Grand' Anse ❯ Anse Kerlan ❯ Grand' Anse ❯ Vallée de Mai ❯ Baie Ste. Anne ❯ Anse Volbert

weg mit dem *Central Path*, der durch die Talsohle verläuft. Es lohnt sich aber, auf dem Rundweg zu bleiben, der geradeaus weiterführt. Nach weiteren 200 m zweigt ein kleiner Weg rechts ab, der zu einer Hütte führt. Von hier aus haben Sie eine schöne Aussicht, und in der Hütte können Sie sich auch ausruhen.

- ⑪ — **Salazie- und Pasquiere-Pfad** Grand' Anse › Anse Volbert › Anse Possession › Grand' Anse
- ⑫ — **Wanderung durch das Vallée de Mai** Rundweg ab Parkeingang und zurück
- ⑬ — **Wanderung von der Anse Lazio zur Anse Georgette** Anse Boudin › Anse Lazio › Anse Georgette

Zurück auf dem Hauptweg geht es nun bald hinab ins Tal. Den zentralen Bachlauf überqueren Sie auf einer kleinen Holzbrücke, etwa 100 m dahinter zweigt links der schon erwähnte *Central Path* ab, auf dem Sie Ihren Rückweg abkürzen könnten – aber nicht sollten, denn der Rundweg führt nun in einer großen Schleife durch den größten Bestand an sowohl jungen als auch ausgewachsenen Seychellennusspalmen. Es geht noch einmal ein Stück bergauf zu einem alten Aussichtspunkt, an dem früher einmal eine Hütte stand, dann wieder bergab zur Talsohle, erneut über eine Brücke und dann hinauf und zurück zum Parkeingang.

Vorher können Sie sich noch entscheiden, ob Sie auch noch auf dem **Central Path** durch das Tal laufen möchten, der hinter der Brücke nach einigen Treppenstufen links abzweigt.

Wanderung von der Anse Lazio zur Anse Georgette

⑬ Anse Boudin ❭ Anse Lazio ❭ Anse Georgette

Länge: 3 km; 2,5 Std. (einfache Strecke)
Praktische Hinweise: Aus Richtung Anse Volbert kann man per Mietwagen, Taxi oder auch mit dem Bus den Ausgangspunkt an der Anse Boudin (Endhaltestelle) erreichen, mit dem Pkw kann man auch noch ein Stück weiter fahren.

Von der **Anse Boudin** führt die Straße über eine kleine Bergkuppe zur beliebten Bilderbuch-Bucht ****Anse Lazio** ❭ S. 101. Dahinter folgen Sie einem schmaler werdenden Pfad mehr oder weniger an der Küste entlang in Richtung Westen. Der Weg ist von Pflanzen teilweise überwuchert. An Abzweigungen sollte man sich immer rechts halten, dann gelangt man schließlich zur ***Anse Georgette** ❭ S. 112 mit ihrem feinsandigen, von Granitfelsen eingerahmten Strand, der – zusammen mit der herrlichen Aussicht – die Mühen des Fußwegs mehr als rechtfertigt.

Die Anse Georgette war vor einigen Jahren auch von der anderen Inselseite, der **Anse Kerlan** ❭ S. 112, auf einem Weg zu erreichen. Doch dieser ist mittlerweile kaum noch zu finden. Er führt hinter einem etwa 100 m hohen Hügel am Golfplatz des Lémuria Resort vorbei und endet am Parkplatz des Hotels. Dort findet man auch eine Bushaltestelle für die Rückfahrt um die Insel zum Ausgangspunkt der Wanderung.

Wichtige Adresse

Seychelles Tourist Office Praslin, Îles des Palmes Airport, Tel. 4233346, Fax 4233571, stbpraslin@seychelles.sc, Mo–Fr 8–16, Sa 8–12 Uhr, So und Fei geschlossen. Ist auch bei der Unterkunftssuche behilflich.

Unterwegs auf Praslin

6 **Anse Lazio ❶

Ein populäres Seychellen-Foto-
motiv ist die berühmte Bucht mit
ihrem weichen, weißen Sand, den
Schatten spendenden Takamakabäumen und den malerischen
Granitfelsen. Sie zieht täglich
zahlreiche Besucher an, die sich
aber über das weite Areal verteilen. An dem **wunderschönen,
unverbauten Strand** kann man
bei ruhiger See (höherer Wellengang von Dezember bis März)
schwimmen und schnorcheln.

Verkehr

Anfahrt: Per Mietwagen oder Taxi; Bus
nach Anse Boudin, von dort ca. 30 Min.
Fußweg zur Bucht > S. 100

Restaurants

■ **Bonbon Plume**
Anse Lazio][**Tel. 4232136**
Strandlokal zwischen Kokospalmen;
nur Mittagessen. 12.30–15 Uhr; im
Juni geschl. ●●
■ **Le Chevalier Bay**
Anse Lazio][**Tel. 4232322**
Optimal für den Hunger zwischen-
durch; **hervorragende kreolische
Küche.** Tgl. 8–16 Uhr. ●●

*Anse Volbert ❷

Die auch werbewirksam **Côte
d'Or** (Goldküste) genannte Bucht
besitzt einen kilometerlangen

Badespaß an der Anse Lazio

Strand aus feinem Sand, auf dem
man bestens spazieren kann. Das
von einem Riff geschützte Wasser
ist ruhig und relativ flach, weshalb
sich Familien mit kleinen Kindern
hier besonders wohl fühlen.

Ein **Erlebnis für Schnorchler
und Taucher** sind die kleinen
vorgelagerten Inseln **Chauve Souris ❸** (Übernachtung möglich,
> S. 102) und **St. Pierre ❹**, auf die
man sich übersetzen lassen kann.

Die Anse Volbert ist das touristische Zentrum von Praslin, entsprechend belebt ist der Strand.
Es gibt Hotels und Pensionen, Restaurants, Läden, Banken, Fahr-
radverleihe und Tauchschulen,
außerdem ein Spielkasino.

Besondere Adresse fürs Dinner:
das Restaurant Tante Mimi

Hotels

■ Acajou
Anse Volbert][**Tel. 4232400**
Fax 4232401
www.acajouhotel.com
Mittelgroße zweistöckige Hotelanlage
in tropischem Garten direkt am Strand;
komplett aus Mahagoni. ●●●

■ L'Archipel
Anse Gouvernement][**Tel. 4284700**
Fax 4232072][**www.larchipel.com**
Stilvolle Anlage mit 30 Zimmern in
Chalets in Hanglage am Meer. ●●●

■ Chauve Souris Island Lodge
Chauve Souris][**Tel. 42322000**
Fax 4232133][**www.igrandiviaggi.it**
Kleine Insellodge, wenige Hundert
Meter vor der Côte d'Or gelegen; nur
Vollpension. Gäste können die gut
erreichbaren umfangreichen Wasser-
sportmöglichkeiten an der gegenüber-
liegenden Küste nutzen. ●●●

■ Le Duc de Praslin
Anse Volbert
Tel. 4294800][**Fax 4232355**
www.leduc-seychelles.com
Renovierte Bungalows in Strandnähe,
kreolisches Restaurant; Orchideengarten und Koikarpfenteich. ●●●

■ Paradise Sun Hotel
Anse Volbert
Tel. 4293293][**Fax 4232019**
www.paradisesunhotel.com
Großes, familienfreundliches
Strandhotel mit Tauchbasis. ●●●

■ Raffles Praslin
Anse Takamaka
Tel. 4296000][**Fax 4296001**
www.raffles.com/praslin
Neues Luxushotel an der Bucht nördlich der Anse Volbert; 86 Pool-Villen,
größtes Spa der Seychellen. ●●●

■ Les Villas d'Or
Anse Volbert
Tel. 4232777][**Fax 4232505**
www.seychelles.net/villador
Gepflegte, gut ausgestattete 12-Zim-
mer-Strandvillen, v.a. für Selbstversorger, auf Wunsch auch mit Frühstück
und Abendessen zu buchen. ●●●

■ Les Lauriers Hotel
Anse Volbert
Tel. 4232241][**Fax 4232362**
www.laurier-hotel.com
13 schöne Zimmer mit eigener Veranda
in Strandnähe. ●●

Restaurants

■ Café des Arts
Anse Volbert][**Tel. 4294800**
Originelles Strandrestaurant mit kleiner Kunstgalerie (s.u.), berühmt für le-
ckeren Fisch und Meeresfrüchte. ●●●

Tante Mimi
Côte d'Or][**Tel. 4232500**
Nobelrestaurant im Obergeschoss des
Casino des Îles mit ausgezeichneter
kreolischer Küche. Di–So 19.30 bis
23 Uhr, Mo Ruhetag. ●●

Shopping

Die Kunstgalerie **Gallery & Art** im
Café des Arts (s.o.) präsentiert und

verkauft **Gemälde und Skulpturen einheimischer Künstler** sowie Kunsthandwerk. Mo–Sa 10–21 Uhr.

Nightlife

Casino des Îles
Côte d'Or][**Tel. 4232500**
Glücksritter zieht es ins Spielcasino – auch in leger-sportlicher Freizeitkleidung, aber abends nicht in Shorts oder Sandalen. Tgl. 12.30–2.30 Uhr (Automaten), 20.30–3 Uhr (Spieltische).

7 Curieuse Marine National Park

Der nördliche Küstenabschnitt von Praslin zwischen dem Pointe Chevalier und der Halbinsel, die die Anse Volbert im Westen begrenzt, gehört – ebenso wie die gegenüberliegende Insel Curieuse und der Meeresarm dazwischen – zum gleichnamigen Meeresnationalpark. Dieser zählt zu **Praslins besten Unterwasserrevieren mit unzähligen Korallen und großem Fischreichtum.**

Ausflug zur Insel **Curieuse** 5

Nur wenige Kilometer trennen die bergige, knapp 3 km² große Insel von Praslin. Von dort bieten Reiseagenturen täglich Tages- und Halbtagsausflüge nach Curieuse an. Als Startpunkt eignet sich Anse Volbert › S. 101, dann beträgt die Fahrtdauer ca. 20 Min. Vorausbuchungen sind zu empfehlen, die Gebühren für das Betreten der Insel (ca. 11 €, die dem Naturschutz zugute kommen) und eine sachkundige Führung sind im Ausflugspreis inbegriffen.

Besucher landen entweder an der **Baie Laraie** › S. 104 im Osten oder an der **Anse St. José** im Süden der Insel. Unweit von letzterer wird im Schatten riesiger

Einsame Sandstrände erwarten die Besucher von Curieuse

Takamakabäume das Grillpicknick serviert, das meist zum Ausflugspaket gehört. Hier steht auch das ehemalige Arzthaus, in dem heute ein kleines Museum untergebracht ist. Dieses Kolonialhaus und einige Ruinen westlich davon erinnern an die 1833 gegründete Leprastation, die bis Mitte des 20. Jhs. in Betrieb war. Heute leben nur noch der Verwalter und seine für Schutz und Pflege der Insel angestellten Wildhüter mit ihren Familien auf der Insel.

Curieuse besitzt auf seiner Südseite schöne, einsame Sandstrände. Die Vegetation ist der Praslins ähnlich, auch hier wächst die endemische Seychellennusspalme › S. 106, deren Bestand bei mehreren Bränden jedoch immer wieder dezimiert wurde.

Durch ein großes Mangrovengebiet gelangt man auf Holzstegen zur **Baie Laraie.** Dieser Teil der Insel ist **Schutzgebiet für eine Kolonie von Riesenlandschildkröten,** die sich hier so wohlfühlen, dass sie sich fleißig um die Fortpflanzung ihrer dezimierten Spezies bemühen.

Baie Ste. Anne ⑥

Südlich der Anse Volbert, jenseits eines lichten Waldes, erstreckt sich die Ortschaft Baie Ste. Anne an der weiten gleichnamigen Bucht entlang. Im Zentrum finden sich Bank, Kirche, Post, Tankstelle und Geschäfte. Am Südende von Baie Ste. Anne zweigt die Zufahrt zur **Jetty** ab, dem Fähranleger nach La Digue und Mahé.

Der Bucht vorgelagert sind Korallenbänke und die kleine Hotelinsel **Round Island** ⑦. Ihr gegenüber wartet die abgelegene **Anse La Farine** ⑧ mit feinstem Sand und einem **besonders schönen Schnorchelrevier** auf.

Verkehr

Fährverbindungen: mehrmals tgl. nach La Digue (15 Min.); zwei- bis dreimal tgl. nach Mahé (1 Std.).

Hotels

■ **New Emerald Cove**
Anse la Farine][Tel. 4232323
Fax 4232300][www.emerald.sc
Größeres Hotel mit 49 niveauvollen Zimmern und Chalets in ruhiger Lage auf der nordöstlichen Landzunge an der Baie Ste. Anne. Nur auf dem Wasserweg mit den Hotelbooten ab Baie Ste. Anne erreichbar (10-mal tgl.). ●●●

■ **Round Island Luxury Villas**
Round Island (Praslin)
Tel. 2522782][Fax 4671625
www.round-island.net
Vier Luxusvillen auf einem winzigen Eiland am Rande der Baie Ste. Anne, mit Wassersport- und Fitnesszentrum. Nur Vollpension. Bootstransfers ab Baie Ste. Anne. ●●●

■ **Chalets Côte Mer**
Baie Ste. Anne
Tel. 4294200][Fax 4294249
www.chaletcotemer.com
Große Komfortbungalows für Selbstversorger, bei der Jetty, Restaurant vorhanden. ●●

■ **Le Grand Bleu**
Baie Ste. Anne][Tel./Fax 4232437
www.seychelles.net/gbleu
Gemütliche kleine Unterkunft für Selbstversorger in Hafennähe. ●

Wanderwege durch die faszinierende Pflanzenwelt im Vallée de Mai

8 ***Vallée de Mai 9

Biegt man im Zentrum von Baie Ste. Anne rechts ab, geht es direkt zum Naturschutzgebiet, der größten Sehenswürdigkeit der Inner Islands. Bereits 1966 wurde das Tal zum Nationalpark erklärt, 1983 nahm es die UNESCO in die Liste des Weltnaturerbes auf.

Im Vallée de Mai bilden das diffuse Licht im Wald, das Rauschen der Blätter und das Knacken der Bäume eine besondere Atmosphäre, die alle Besucher fasziniert. Die Attraktion des Tals sind seine **riesigen Seychellennusspalmen-Bestände** ❯ S. 106. Rund 6000 wachsen hier auf engstem Raum, junge Bäume mit riesigen Palmenwedeln neben jahrhundertealten, über 30 m hohen Veteranen. Aber auch andere endemische Bäume sind bemer-

kenswert, wie die schlanke Palmiste-Palme, deren grüner Schaft zwischen Stamm und Blattkrone zur Herstellung des echten Palmherzensalats (»Millionärssalat«) benötigt wird – ein Grund, warum sie nicht mehr allzu häufig vorkommt. Ein ziemlich dünner Stamm kennzeichnet den *latanye fey* (»Blattpalme«), dessen breite Blattwedel früher gern zum Dachdecken verwendet wurden. Relativ häufig trifft man auf den Rotholzbaum *bwa rouz*, dessen riesige Blätter meistens von Insekten vollkommen durchlöchert sind.

Bis 1930 blieb das Gebiet von Eingriffen des Menschen verschont. Dann begann man mit der Anpflanzung von Obst- und Nutzbäumen. Heute plant man, den Urzustand des Waldes wiederherzustellen.

Dieser ist auch Heimat des äußerst seltenen schwarzen Seychellen-Vasapapageis *(black parrot)*.

Coco de Mer – die Seychellennusspalme

Nur auf Praslin und der ihr vorgelagerten Insel Curieuse wächst die Seychellennusspalme in natürlicher Verbreitung, einzelne Exemplare auf anderen Inseln
sind von Menschen dorthin verpflanzt worden. Dieser einzigartige Baum ist
zweigeschlechtlich, das heißt: Es gibt männliche Bäume mit bis zu zwei Meter
langen Blütenständen und weibliche, auf denen eine Doppelnuss heranwächst,
deren Form einem weiblichen Becken ähnelt. Die Nuss braucht etwa sechs
Jahre zur Reife und ist dann mit einem Gewicht von rund 20 kg der größte und
schwerste auf Erden vorkommende Samen, der weder durch Lebewesen wei-
terverbreitet werden noch schwimmen kann, denn aufgrund ihres Gewichts
geht eine ins Wasser gefallene Seychellennuss sofort unter. Nur wenn der Kern
verfault ist, kann die Schale im Meer schwimmen. Solche tauben Nüsse wurden
von Zeit zu Zeit an die Küsten Indiens und der Malediven geschwemmt, doch
früher kannte niemand ihre wahre Herkunft. So haften der Pflanze bis heute
der irreführende wissenschaftliche Name *Lodoicea maldivica* und der ebenso
unzutreffende umgangssprachliche *Coco de Mer* (»Meereskokosnuss«) an.

   Dass sie tatsächlich an Land wuchs, stellte sich erst im Jahre 1768 heraus, als
eine französische Expedition die ihr noch unbekannte Insel Praslin näher
erforschte. Wegen ihrer ungewöhnlichen Form und Seltenheit besaßen die
Doppelnüsse bei Liebhabern einst großen Wert und wurden auch an den Kö-
nigshöfen der Alten Welt zu einer begehrten Kostbarkeit – unter anderem aufgrund der ihr nachgesagten aphrodisierenden Wirkung, die wohl hauptsächlich
auf ihre die Fantasie beflügelnde Form zurückging. Kostbar ist sie bis heute: Für
ein solches Souvenir ❯ S. 139 zahlt man mindestens 150 € bzw. 180 CHF.

Meistens hört man nur die Rufe der scheuen endemischen Vögel, die oft täuschend nachgeahmt werden von den vielen lärmenden schwarzen Seychellen-Bülbüls.

Infos

■ Gute Infos der **Seychelles Islands Foundation** zum Vallée de Mai unter **www.sif.sc**

■ Der Eingang zum Nationalpark liegt auf der Bergkuppe in etwa 170 m Höhe direkt neben der Straße; geöffnet tgl. 8–17.30 Uhr.

■ Beim Zahlen der Eintrittsgebühr (ca. 18 €) erhält man ein Faltblatt mit allen wichtigen Infos; wer sich näher mit dem Naturschutzgebiet beschäftigen möchte, kann am Kiosk auch eine Farbbroschüre der Botaniker Katy Beaver und Lindsay Chong-Seng kaufen.

Anse Marie-Louise 🔟

Der schöne Badestrand der Bucht südlich der Baie Ste. Anne wird von zwei Landvorsprüngen begrenzt und geschützt. Von hier führt ein unmarkierter Wanderweg bergan zum **Fond Ferdinand** 🔟 (ca. 1 Std.), der zweiten Stelle auf Praslin mit natürlichem Seychellennusspalmen-Bestand

Die Südwestküste

Nach **Anse Consolation** an der gleichnamigen hübschen Bucht folgt mit dem zwischen Berg und Meer eingebetteten schmalen

Landstrich von der **Anse Bois de Rose** 🔟 bis zur **Anse Bateau** 🔟 eine der reizvollsten Gegenden Praslins. Einzelne Häuser verstecken sich zwischen Obstbäumen; hübsche kleine Sandstrände wechseln ab mit Felsen; das Wasser ist hier ziemlich flach.

Hotels

■ **Coco de Mer Hotel & Black Parrot Suites**
Anse Bois de Rose
Tel. 4290555][Fax 4290440
www.cocodemer.com
Jüngst umfangreich renovierte Anlage mit Reihenbungalows im Tropengarten; Wassersport. ●●●

■ **Villa Flamboyant**
Anse St. Sauveur][Tel./Fax 4233036
Das Hotel, ein ehemaliges Plantagenhaus in traditioneller Holzbauweise, besitzt einen großen, sehr gepflegten Tropengarten und Zugang zu einem herrlichen langen Sandstrand. ●

Grand' Anse 🔟

Die größte Ortschaft Praslins liegt an der gleichnamigen weiten Bucht. Das Wasser ist hier sehr flach, der Strand oft mit abgestorbenem Seegras bedeckt (vor allem von April bis September) und zum Baden wenig geeignet.

In Grand' Anse findet man Bank, Kirche, Post und Tankstelle, diverse Läden, Reiseagenturen, Autoverleihfirmen sowie einige Hotels und Gästehäuser. Neben dem Markt erinnert das mit einer Seychellennuss versehene Unabhängigkeitsdenkmal an das Ereignis vom 29. Juni 1976.

Im Ortszentrum biegt rechts eine Straße ins Landesinnere ab: Dies ist der Ausgangspunkt für zwei über die Insel führende Wanderungen: den **Pasquière Track** zur Anse Possession (etwa 1 Std.) und den an der Anse Volbert endenden **Salazie Track** (etwa 1,5 Std.) ❯ S. 96. Beide Wanderwege geben einen guten Eindruck vom hügeligen, bewaldeten Inneren Praslins.

Im Norden der Bucht Grand' Anse liegt der kleine **Praslin Île des Palmes Airport,** wo häufig Kleinflugzeuge aus Mahé landen oder nach dort starten. Weil sie ziemlich tief über die Straße fliegen, schaltet eine Verkehrsampel für den Straßenverkehr dann auf Rot. Die Eröffnung des Flughafens 1978 war einer der Auslöser für die Entwicklung des Tourismus auf Praslin. Heute verfügt er sogar über eine Zollabfertigung, sodass kleine Maschinen aus dem Ausland auch direkt hier landen können.

Hotels

■ **Indian Ocean Lodge**
Grand' Anse
Tel. 4283838][Fax 4233911
www.indianoceanlodge.com
Kleine, gepflegte Anlage in tropischem Stil, direkt am Strand. Pool und Restaurant mit kreolischer und internationaler Küche. ●●●

■ **Ocean Villa**
Grand' Anse
Tel. 2511879][Fax 4344969
www.oceanvilla.sc
Villa am Strand, üppig ausgestattet, für Selbstversorger, drei Schlafzimmer. ●●

■ **Palm Beach Hotel**
Grand' Anse][Tel. 4292020
Fax 4233090][www.seychelles-palmbeachhotel.com
Charmantes kleines Strandhotel im Kolonialstil, luxuriös ausgestattet. Kreolische Küche. ●●

Restaurant

Britannia
Grand' Anse][Tel. 4233215
Fischgerichte nach kreolischen und internationalen Rezepten serviert im kleinen, beliebten Restaurant des gleichnamigen Hotels. ●

 Black Pearl Ocean Farm 🄸
Westlich vom Ort Grand' Anse, schräg gegenüber dem Flughafen, findet man die einzige Perlenausternzucht des Indischen Ozeans. Hier erfährt man auch Interessantes über den Lieferanten eines besonders wertvollen Naturprodukts: über die Schwarzlippige Perlenauster *(Pinctada margaritifera cumingi),* die landläufig auch »Tahitimuschel« genannt wird.

Eine Ausstellung widmet sich der Verarbeitung der Perle zum Schmuckstück (Mo–Fr 9–16, Sa 9–12 Uhr).

Shopping

Black Pearl Shop
Amitié][Tel. 4233150
Goldschmiede und Schmuckdesigner arbeiten die Perlen, die auf der Ocean Farm gezüchtet werden, in Gold- und Diamantschmuckstücke ein, den man im Shop erstehen kann. Manche Arbeiten sind Unikate und entsprechend teuer.

Ausflug nach **Cousin

Karettschildkröte bei der Eiablage

Nur gut 2,5 km liegt Cousin vor der Südwestküste Praslins. Die 29 ha große Insel mit einem Durchmesser von ca. 600 m wurde 1968 von Spendengeldern als Vogelschutzgebiet gekauft und steht heute unter der Obhut der unabhängigen Umweltschutzorganisation Nature Seychelles, ebenso das noch intakte Korallenriff. Nature Seychelles (www.natureseychelles.org) hat diverse Hotels und Reiseagenturen als Partner, die Ausflüge organisieren inklusive Führungen in Englisch oder Französisch. Eine kleine Broschüre mit den Beschreibungen der Vögel gibt es normalerweise auch auf Deutsch.

⚠ Auf Cousin nicht erlaubt sind Picknicken, Baden, Rauchen sowie das Sammeln von Eiern, Muscheln und Schnecken. Beim Fotografieren sind weder Blitzlicht noch Stativ erwünscht.

Fauna und Flora

Auf der Insel wird dem natürlichen Bewuchs freier Lauf gelassen, nachdem die Spuren der ehemaligen Kokosplantage von den Naturschützern mit viel Mühe beseitigt wurden. Im Schutz üppiger Vegetation fühlen sich neben den Vögeln auch andere Tiere wohl – riesige Tausendfüßler, Krabben, verschiedene Arten von Geckos und die schwerfälligen Riesenlandschildkröten. Mit viel Glück lässt sich eine Meeresschildkröte erspähen: Von Oktober bis Februar kommen regelmäßig **Karettschildkröten zur Eiablage an Land,** und das sogar tagsüber.

Eigentlich ist Cousin aber ein Vogelrefugium, zahlreiche See- und Landvögel brüten hier, z.B. während des Südostmonsuns die Noddyseeschwalben, das ganze Jahr über diverse Sturmtaucherarten, Mangrovenreiher, Madagaskarweber, die wunderschönen, eleganten Tropikvögel und die schneeweißen Feenseeschwalben, der *toktok*, der Seychellenweber und v.a. der Seychellenrohrsänger, zu dessen Erhalt das Schutzgebiet ursprünglich errichtet wurde. Auch der vom Aussterben bedrohte Seychellendajal wurde hier erfolgreich wieder angesiedelt.

Verkehr

■ Anreise: Mo–Fr verkehren Boote ab Grand' Anse ❯ S. 107 oder Baie Ste. Anne ❯ S. 104, nur vormittags (10 bis 12 Uhr. Die Überfahrt dauert etwa 10 bzw. 20 Min. Die Landegebühr von ca. 28 € ist im Preis der Reiseagenturen normalerweise mit eingeschlossen.

■ Zur Landung wird in einem Schlauchboot übergesetzt. Die Insel kann i.d.R. rund ums Jahr besucht werden, auch wenn Mai–Sept. raue See herrscht; dann sollte man damit rechnen, dass es im Boot feucht wird.

Cousine

Auf der fast gleich großen (26 ha) Schwesterinsel von Cousin, etwa 6 km vor der Westküste Praslins, sind wieder einige Exemplare der äußerst seltenen Schamadrosseln heimisch geworden, außerdem fünf weitere endemische Vogelarten. Überdies ist die unter Naturschutz stehende, nur Hotelgästen vorbehaltene Insel von einer artenreichen Unterwasserwelt umgeben. Schnorcheln ist von September bis Januar möglich.

Verkehr

Hubschraubertransfer für Hotelgäste gibt es von allen Landeplätzen der Seychellen (von Praslin 20 Min.); auf Wunsch auch Bootstransfer.

Hotel

Cousine Island Resort
Tel. 4321107][**Fax 4323805**
www.cousineisland.com
Vier exklusive Villen im Kolonialstil für maximal zehn Gäste; Pool, Wassersport und Spa. ●●●

Ausflug nach **Aride

Als sehr fruchtbar und ganz und gar nicht ausgedörrt, wie ihr Name vermuten ließe, entpuppt

sich dieses 68 ha große Eiland 10 km nördlich von Praslin. Die nördlichste Granitinsel der Seychellen ist nur etwa 1,7 km lang und ca. 500 m breit, teils felsig, teils mit weißem Sandstrand ausgestattet.

Aride steht ebenso wie das vorgelagerte Korallenriff, das zu den **schönsten Unterwassergebieten der Seychellen** gehört, unter Naturschutz. Gerne unternehmen Taucher Exkursionen in diese Region. Natürlich ist auch ein Schnorchelausflug lohnenswert, jedoch eher innerhalb des Riffs. Außerhalb ist auf Strömungen zu achten!

Echt gut

Die wenigen Arbeiter und Aufseher von Aride wohnen in **La Cour,** wo auch die Boote anlegen. Für den Weg hinauf auf den 134 m hohen **Gros la Tête** wird man mit einem herrlichen Blick hinunter aufs Meer und hinüber nach Praslin und Cousin belohnt. ⚠ Kameras und Kleidung sollte man wasserdicht verstauen, denn bei der Landung steigt man in kleinere Boote um und bekommt zumindest nasse Füße. Außerdem sind feste Sportschuhe zur Erkundung der Insel empfehlenswert.

Fauna und Flora

1973 von der Royal Society for Nature Conservation (RSNC) erworben und nun von der Island Conservation Society (ICS) betreut, wurde Aride zu einem wahren Refugium, in dem nicht nur eine Vielzahl an Vogelarten ihren Lebensraum hat, sondern auch Karett- und Suppenschildkröten

> S. 129 ungestört an Land kommen können, um ihre Eier im warmen Sand zu vergraben.

Hier brüten mehr Arten Seevögel als auf allen anderen Granitinseln, darunter Hunderttausende von Ruß- und Noddyseeschwalben (von April bis November) und mehr als 2000 der eher seltenen Rosenseeschwalben, die nicht ganz so lange auf der kleinen Insel bleiben. Auf Aride findet man auch Madagaskarweber, die Turteltauben, mehrere Arten von Sturmtauchern, den sehr seltenen Seychellendajal, den Seychellenrohrsänger, die wunderschönen Feenseeschwalben, den eleganten Weißschwanztropikvogel und sogar den seltenen Rotschwanztropikvogel. Im Feuchtgebiet sind Teichhühner zu sehen. Über der Insel kreist fast immer eine Schar von Fregattvögeln, großen Seglern, die die meiste Zeit hier verbringen, aber 1100 km entfernt auf Aldabra brüten.

Weißschwanztropikvögel ernähren sich von Fischen

An Land krabbelt eine Vielfalt an Insekten und Echsen sowie Riesentausendfüßler, am Strand trifft man zahlreiche Geisterkrabben.

Weite Teile von Aride sind mit üppiger Vegetation bedeckt, mit Kokospalmen (die noch auf die ehemalige Kokosplantage hinweisen), aber auch mit Laubbäumen wie dem *bwa mapou* (*Pisonia grandis*), dessen Samen wahrscheinlich einst von den Seevögeln auf die Insel gebracht wurden. Auf dem fruchtbaren Boden gedeihen Guaven ebenso wie Bananen, Orangen, Papayas, Auber-

ginen, Ingwer, Gelbwurz und Pfefferschoten.

Eine botanische Besonderheit der Insel ist Wright's Gardenia, ein Rötegewächs, das sonst nirgends auf der Welt wächst. Es trägt wunderschöne, weiß-rötliche Blütenkelche. Wegen seiner kleinen zitronenförmigen Früchte nennen es die Einheimischen *bwa sitron*.

Verkehr

■ **Anreise:** Boote nach Aride legen von der Anse Volbert > 101 oder der Grand' Anse > 107 ab. Die Überfahrt dauert ca. 30 Min., die Landegebühr (30 €) ist zumeist im Exkursionspreis inbegriffen; Näheres unter www.arideisland.com.

■ Für eine Tagesexkursion nach Aride kontaktiert man am besten die Hotelrezeption oder eine Reiseagentur. Der Ausflug wird zwischen Oktober und April mehrmals in der Woche angeboten (Mo–Fr), in der übrigen Jahreszeit ist er wetterabhängig.

Das malerisch gelegene Lémuria Resort, Anse Kerlan

Die Nordwest-küste

Der Strand der **Anse Kerlan 16**, nördlich des gleichnamigen Ortes besitzt herrlich weißen Sand, das Wasser ist hier tief genug zum Schwimmen. Nördlich davon, am Ende der Straße, erreicht man zu Fuß auf holprigem Weg **Pointe Ste. Marie 17**. Die Mühe lohnt sich, denn von dem Picknickplatz aus kann man Praslins schönste Sonnenuntergänge erleben.

Die kleine Bucht nördlich der Landzunge, **Petite Anse Kerlan**, lädt zum Schwimmen ein, wenn nicht gerade hoher Wellengang herrscht. Und hinter dem nächsten Felsvorsprung findet man eine der schönsten Seychellen-Buchten, die ***Anse Georgette 18** mit einem **traumhaften Sandstrand,** (nur auf dem Wasserweg erreichbar, Wellengang Dez.–März).

Hotels

■ **Lémuria Resort**
Anse Kerlan
Tel. 4281281][**Fax 4281001**
www.lemuriaresort.com
Traumhafte Bungalowanlage in umweltfreundlicher Architektur, mit nobel-eleganten Suiten. Kinderclub, Spa und 18-Loch-Golfplatz. ●●●

■ **Castello Beach Hotel**
Anse Kerlan
Tel. 4298900][**Fax 4298999**
www.castellobeachhotel.com
Hübsches Suitenhotel im mediterranen Stil, eingebettet in einen schönen Tropengarten. Ideal für Familien, kostenlose Kinderbetreuung. ●●●

Restaurant

Capricorn
Anse Kerlan][**Tel. 4233224**
Gemütliches kleines Restaurant mit kreolischer Küche, nahe am Strand. ●●

Traumstrand von La Digue:
die Anse Source d'Argent

**La Digue

Nicht verpassen!

- Das Farbspiel auf den Granitfelsen beim Sonnenuntergang an der Anse Source d'Argent genießen
- Die umliegenden Inseln vom höchsten Punkt La Digues aus bestaunen
- Die Verarbeitung der Kokosnuss auf dem L'Union Estate erleben

Zur Orientierung

Die fotogenen Strände dieser Insel mit ihren natürlichen Kompositionen aus Granit, Sand und Kokospalmen entzücken nicht nur Urlauber, sondern ziehen auch immer wieder Mode- und Werbefotografen an, die hier das gewisse tropische Flair finden.

Das 10 km² große La Digue genießt noch immer den Ruf, ein nostalgisches Plätzchen zu sein, wo man sich mit Ochsenkarren fortbewegt. Inzwischen gibt es aber auch Autos und gepflasterte Straßen, und tagsüber, wenn Tagesausflügler und Kreuzfahrtpassagiere anlanden, ist es oft um die Idylle geschehen. Man sollte daher möglichst ein paar Tage Aufenthalt einplanen, um La Digue auch in den Morgen- und Abendstunden kennenzulernen, erkunden kann man die Insel am besten mit dem Fahrrad und zu Fuß.

Die Osthälfte der Insel nimmt ein Berg namens Nid d'Aigles (»Adlerhorst«) ein, der Nordwestteil besteht aus einer flachen Ebene, die sich zur landwirtschaftlichen Nutzung eignet. Sie fällt leicht ins Landesinnere ab, was zur Folge hatte, dass sich am Fuß des Bergrückens Sümpfe bildeten, die teilweise zugeschüttet wurden. Außer an der Südostseite umgibt die Insel ein Korallenriff, sodass an vielen Buchten Baden und Schnorcheln möglich sind.

Obwohl die Insel bereits 1744 von Lazare Picault entdeckt wurde, erhielt sie erst Jahrzehnte später ihren Namen nach dem Schiff, mit dem Marion Dufresne 1768 die Seychellen erkundete.

Heute leben ihre rund 2000 Bewohner von Fischfang, Landwirtschaft und natürlich Fremdenverkehr. Geschäfte, Banken und Gästehäuser konzentrieren sich auf die einzige größere Ortschaft, La Réunion. Inmitten der dichten Vegetation mit Albizien, Kasuarinen, Kokospalmen, Takamaka-, Brotfrucht- und Indischen Mandelbäumen entdeckt man noch einige Häuser im Kolonialstil.

Touren in der Region

Insel-Rundwanderung

→ ⑭ La Réunion › La Passe › Anse Sévère › Anse Patates › Anse Fourmis › Anse Cocos › Petite Anse › Grand' Anse › La Réunion

Länge: ca. 10 km; ca. 4 Std.
Praktische Hinweise: Um im Osten durch das Wasser waten zu können, sollte man die Tour so legen, dass man diese Stelle (etwa 1–2 Stunden nach Abmarsch) bei Ebbe erreicht. Nehmen Sie ausreichend Getränke mit, denn unterwegs gibt es keine Versorgungs- und Einkehrmöglichkeiten.

Von **La Réunion** › S. 117 geht es zunächst an der Küste in Richtung Norden. Hinter der Polizeistation von **La Passe** › S. 117 kommt man am buntgeschmückten Inselfriedhof vorbei und erreicht den malerischen Strand der **Anse Sévère**

› S. 120. Nach einer kleinen Landzunge an La Digues Nordspitze liegt nun die unbesiedelte Ostküste vor Ihnen. Der erste Teil des Weges ist leicht zu bewältigen. Von der hübschen **Anse Fourmis** an wird der Weg zunehmend

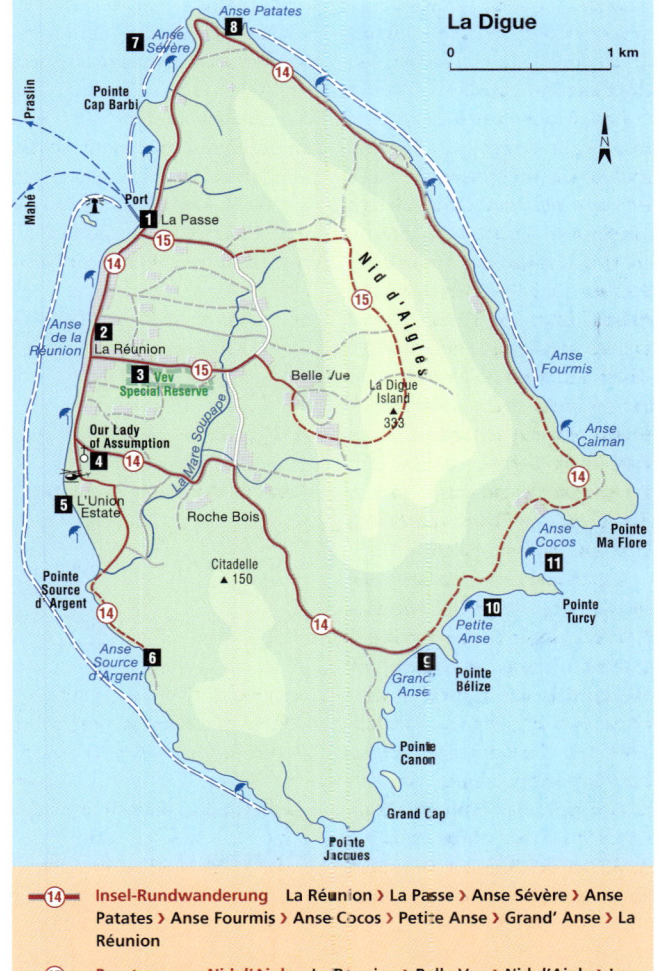

La Digue

---

14 — **Insel-Rundwanderung** La Réunion › La Passe › Anse Sévère › Anse Patates › Anse Fourmis › Anse Cocos › Petite Anse › Grand' Anse › La Réunion

15 — **Bergtour zum Nid d'Aigle** La Réunion › Belle Vue › Nid d'Aigle › La Passe

Die malerische Anse Cocos

Bergtour zum Nid d'Aigle

━⑮━ **La Réunion** › **Belle Vue**
› **Nid d'Aigle** › **La Passe**

Länge: 4 km; ca. 2 Std. (Auf- und Abstieg)
Praktische Hinweise: Da es auf der gesamten Strecke wenig Schatten gibt, sollte man unbedingt früh aufbrechen.

wilder und führt an drei Landzungen von der Küste fort durch hügeliges Gelände; zwischen Anse Fourmis und **Anse Caiman** kann man bei Ebbe auch durchs Wasser waten. Zwischen **Anse Cocos** › S. 121 und **Grand' Anse** › S. 121 führt nur noch ein schmaler Pfad durch üppige Vegetation – hier ist Pfadfindertalent gefragt. Nach dem anstrengendsten Teil des Weges können Sie an den vielen einsamen Stränden eine wohlverdiente Rast einlegen.

An der Grand' Anse verlassen Sie die Küste und durchqueren die Insel auf der Straße nach Westen. Sie führt z.T. durch ein trockengelegtes Sumpfgebiet, das nach einer hier lebenden kleinen Süßwasserschildkröte »Mare Soupape« genannt wird. Am Ende des Weges trifft man wieder auf die Küstenstraße. Hier kann man den Rundweg beenden, indem man rechts nach La Réunion abbiegt, oder man biegt links ab und macht noch einen Abstecher zum **L'Union Estate** › S. 119 und zur ****Anse Source d'Argent** › S. 119.

Vom kleinen Inselrundweg zwischen La Réunion und La Passe zweigt eine Straße zur Bergsiedlung **Belle Vue** ab. Dort, wo die befahrbare Straße endet, führt ein schmaler Pfad weiter auf den höchsten Punkt der Insel (333 m) innerhalb des Bergmassivs **Nid d'Aigle**. Oben wird man durch einen herrlichen Rundblick auf die umliegenden Inseln für die Mühen des Aufstiegs belohnt.

Für den Abstieg nehmen Sie entweder den Aufstiegsweg oder wandern nach Norden weiter. Hier gibt es mehrere Möglichkeiten, um links hinab wieder zum Hauptweg zu kommen. Der Weg selbst ist nicht immer leicht zu erkennen, aber von oben hat man einen guten Überblick, und einer der Trampelpfade führt früher oder später zur Küste zurück.

Wichtige Adresse

Tourist Office La Digue,
La Passe, Tel./Fax 4234393, stbladigue@seychelles.sc, Mo–Fr 8–17, Sa/Fei 9–12 Uhr, So geschl.

Unterwegs auf **La Digue

La Passe **1** /
La Réunion **2**

Die meisten Besucher kommen mit dem Boot nach La Digue. Gleich hinter dem Anlegesteg in **La Passe** warten Ochsenkarren-Taxen auf Kunden, mehrere Fahr-radverleiher haben ihr Angebot an Drahteseln aufgereiht, und hier finden sich auch gleich diverse Unterkünfte.

Das Gros der Touristen biegt jedoch am Hafen von La Passe beim Restaurant Tarosa rechts ab in die »Flaniermeile« von La Digue, einen breiten Pflasterweg, über den sich von beiden Seiten Schatten spendende Kokospal-men neigen. Er führt durch die Ortschaft **La Réunion,** vorbei am Inselkrankenhaus, kleinen Läden, zwei Banken und diversen Reise-agenturen.

Hotels

■ La Digue Island Lodge
La Réunion][Tel. 4292525
Fax 4234132][www.ladigue.sc
Die größte Hotelanlage der Insel bietet auch den meisten Komfort in Chalets und Bungalows um das Haupthaus mit Restaurant. ●●●

■ Calou Guest House
La Passe][Tel./Fax 4234083
www.calou-seychelles.com
Drei gemütliche Bungalows in einem Garten, kreolische und internationale Küche; deutsche Gastgeber. ●●

■ Fleur de Lys
La Passe][Tel./Fax 4234459
www.fleurdelysey.com
Große, geschmackvoll eingerichtete Gästezimmer für Selbstversorger in Strandnähe. ●●

■ Kot Babi Guest House
La Passe][Tel./Fax 4234747
www.kotbabi.sc
Kleine familiäre Selbstversorgeranlage im kreolischen Stil, zentral, aber ruhig gelegen. ●●

■ Rising Sun
La Réunion][Tel./Fax 4234017
Familiäre Pension mit ausgezeichneter Verpflegung. ●

■ Tournesol Guesthouse
La Passe][Tel. 4234155
Fax 4234364
www.ile-tropicale.com/tournesol
Ruhige Bungalowanlage abseits vom Strand am Weg nach Belle Vue. Gute kreolische Gerichte im Restaurant; Fahrradverleih. ●

Restaurant

Zerof
Anse de la Réunion][Tel. 4234439
Das beliebte Restaurant serviert **gute kreolische Küche** und verkauft Gerich-te zum Mitnehmen. Tgl. 8–22 Uhr. ●

Shopping

Barbara Jenson Studio
Anse de la Réunion][Tel. 4234406
www.barbarajensonstudio.com
In der **Galerie der britischen Malerin** kann man farbenfrohe Kunstwerke mit vielfältigen Inselmotiven erstehen. Mo–Sa 10–18 Uhr.

Vev Special Reserve 3

Etwa mittig in der Westhälfte der Insel liegt dieses besondere Vogelschutzgebiet, das einer einzigen Art gewidmet ist. Es besteht aus einem schmalen, frei zugänglichen Waldstreifen, in dessen Baumkronen der endemische Paradiesschnäpper lebt. Er gehört zu den seltensten Vogelarten der Erde. Das Männchen besitzt einen auffällig langen Schwanz und ist kohlrabenschwarz, weshalb dieser Vogel in der Landessprache auch *vev* (»Witwe«) heißt. Die Insektenfresser weben ihre Nester aus Halmen und hängen sie in die äußersten Enden von dünnen Zweigen, um sie so wirkungsvoll vor Landräubern zu schützen.

Im Infogebäude am Eingang erfährt man Näheres über den Schnäpper (Mo–Fr 8–16 Uhr).

Our Lady of Assumption 4

Südlich des Reservats steht die katholische Kirche der Insel. Zu Ehren ihrer Schutzpatronin begehen die Insulaner das Fest **Mariä Himmelfahrt (Assumption Day) am 15. August** mit einem feierlichen Gottesdienst und einer Prozession. Von der »La Grotte« genannten Stelle mit einer auf den Felsen thronenden Marienfigur ziehen sie über die mit Blumen und Palmblättern geschmückten Wege, während vor den Häusern kleine Altäre aufgebaut sind. Kommunionkinder streuen Blumen, kleinere Gruppen finden sich für ein Lied zusammen. Den Abschluss bildet ein Volksfest. Ganz La Digue ist aus diesem Anlass auf den Beinen, während man auf den anderen Inseln kaum etwas von dem Feiertag merkt.

Echt gut

Echte Vanille

Die ursprüngliche Heimat der Vanille ist Mexiko. Nur dort leben Vögel und Insekten, die die kompliziert geformte Blüte auf natürliche Weise bestäuben können. Außerhalb Mexikos muss die Befruchtung künstlich vorgenommen werden. Dies ist extrem aufwendig, weil sich die cremefarbenen Blüten lediglich für drei Stunden öffnen und dann abfallen, falls keine Bestäubung von Hand erfolgte. Die Pflanze entwickelt im Laufe von sechs bis acht Monaten Büschel zunächst grüner Schoten, die ab Mai geerntet und anschließend mehrere Wochen auf Holzrosten in der Sonne getrocknet werden. Währenddessen verfärben sich die Schoten dunkelbraun, und es entwickelt sich das süß duftende Vanillin. Die Echte Vanille (oder Gewürzvanille) ist ein Orchideengewächs und benötigt ein Klettergerüst, an dem sie sich bis zu 10 m hochranken kann. Man pflanzt deshalb zunächst kleine Bäume. Der Anbau von Vanille auf den Seychellen wirft heute keine großen Erträge mehr ab. In der Nähe von ehemaligen Plantagen findet man noch viele wild wachsende Vanilleranken > S. 47.

L'Union Estate 5

Am südlichen Ende der Hauptstraße entlang der Westküste geht es geradeaus weiter zum L'Union Estate. Hier kann man Interessantes zur Kopraerzeugung erfahren, die früher große Bedeutung für die Seychellen besaß. Auf dem Gelände wird demonstriert, wie die geernteten Kokosnüsse geschält, gespalten und dann im Ofen zu Kopra getrocknet werden. In einer ochsengetriebenen **Mühle** presst man anschließend aus der Kopra hochwertiges Kokosöl. Am Eingangshäuschen gibt es auch getrocknete Vanilleschoten zu kaufen. Obwohl seit der Produktion synthetischer Vanille der Anbau der Pflanze wenig rentabel ist, wird sie auf der Plantage noch kultiviert.

Auf dem L'Union Estate

Auf dem kleinen **Friedhof** gleich nach dem Eingang fanden die ersten Siedler der Insel ihre letzte Ruhestätte. Das ehemalige Pflanzerhaus – wie der Friedhof ein Nationaldenkmal – ist nicht zu besichtigen.

Am Fuß des mächtigen **Giant Union Rock** leben einige Riesenlandschildkröten in einem großen Gehege; auf dem Gelände werden auch Pferde gehalten, die für Ausritte zur Verfügung stehen (Tel. 4234240, Mo–Fr 8–15 Uhr).

Südlich vom L'Union Estate passiert man die offenen Hallen einer kleinen **Bootswerft**, in der bis vor wenigen Jahren noch die Holzschoner der Einheimischen gebaut und repariert wurden (Gelände-Eintritt 5 €, tgl. 7–17 Uhr).

Verkehr

Auf dem weiträumigen flachen Grundstück von L'Union Estate landen die Hubschrauber zum direkten Transfer von/nach Mahé und anderen Inseln.

Hotel

L'Union Beach Chalets
Tel. 4292525][Fax 4234132
www.ladigue.sc
Komfortable Bungalows in ruhiger Lage am Strand. Selbstversorgung ist möglich, ein Restaurant in der benachbarten La Digue Island Lodge › S. 117 vorhanden. ●●●

10 **Anse Source d'Argent 6

Zur Anse Source d'Argent mit den berühmtesten und meistfotografierten Stränden der Seychellen › S. 121 führt ein Fußweg von der ehemaligen Bootswerft.

Eine Silberquelle, wie es der Name verspricht, ist dort zwar nicht zu finden, dafür aber feinster silbriger Sand. Ein Pfad schlängelt sich zwischen den mächtigen, wie von einem Künstler bearbeiteten Granitblöcken hindurch, für die La Digue so berühmt ist. Dazwischen ragen einzelne grazile Kokospalmen heraus. Das Meer ist hier wegen der vorgelagerten Riffe ziemlich flach, Schwimmen **Echt gut!** und **Schnorcheln im glasklaren Wasser** sind bei Flut aber durchaus verlockend.

Anse Sévère 7 / Anse Patates 8

An der **Anse Sévère** ist – im Gegensatz zur folgenden **Anse Patates,** die nicht von einem Riff geschützt wird – das Wasser vor allem bei Ebbe relativ flach. Eine herrliche Aussicht auf das Meer und die umliegenden kleinen Inseln (Petite und Grande Sœur, Île Cocos, Félicité) bieten die Restaurants der beiden Hotels an der ruhigen Anse Patates.

Die bizarren Granitformationen an der Anse Source d'Argent

Hotels

■ **Le Domaine de l'Orangeraie**
Anse Sévère][Tel. 4299999
Fax 4299888][www.orangeraie.sc
Schmucke Hotelanlage mit 45 stilvoll
eingerichteten Villen. ●●●

■ **Hôtel L'Océan**
Anse Patates][Tel. 4234180
Fax 4 234308
www.hotelocean.info

cht gut! Kleines Hotel mit schöner Aussicht
oberhalb der Bucht; sehr gutes Restaurant mit kreolischen Spezialitäten. ●●

■ **Patatran Village**
Anse Patates
Tel. 4294300][Fax 4294390
www.patatranseychelles.com
Anlage mit kleinen Bungalows ober-
halb der Anse Patates. ●●

Grand' Anse 🄉

Von der Inselmitte aus führt ein
Hauptweg zur Grand' Anse, der
größten Badebucht von La Digue
mit breitem feinsandigem Strand.
Da kein Korallenriff vorgelagert
ist, muss man zwischen Mai und
September allerdings mit Einschränkungen beim Baden wegen
starker Brandung rechnen.

Petite Anse 🄿 /
Anse Cocos 🄫

Von Grand' Anse aus erreicht
man zu Fuß auch die kleinen
Nachbarstrände **Petite Anse** (ca.
30 Min.) und **Anse Cocos** (weitere 30 Min.). Aufgrund des etwas
beschwerlichen Zugangs findet
man an den beiden Buchten garantiert ein einsames Plätzchen.

Félicité

Auf der 4 km nordöstlich von La
Digue gelegenen, knapp 3 km²
großen Insel Félicité gab es bis in
die 1970er-Jahre hinein noch eine
Kokosplantage und eine kleine
Siedlung. Die danach entstandene
Insellodge ist inzwischen abgeris-
sen und hat einem neuen Time-
share-Projekt Platz gemacht: Unter dem Namen *Zil Payson* (»Insel
der Leidenschaft«) entstehen rund
zwei Dutzend exklusive Designer-
villen (www.zilpasyon.com).

Filmreif

Die bizarren Felsformationen am
Strand der Anse Source d'Argent
sind wirklich einzigartig auf der
Welt. Wenn Sie trotzdem das Gefühl
haben, sie anderswo schon einmal
gesehen zu haben, dann mag es
daran liegen, dass sich Filmemacher
gerne dieser Traumkulisse bedienen,
um Filminseln in aller Welt darzu-
stellen. So war La Digue – neben
einigen anderen Seychelleninseln –
der stille Star unter anderem in Ro-
man Polańskis »Pirates« (1986), in
Nicholas Roegs »Castaway« (1986),
in Caleb Deschanels »Crusoe«
(1988) oder in Jonathan Frakes'
»Thunderbirds« (2004). Dem mitteleuropäischen Publikum am bekanntesten dürfte jedoch die Rolle der
Insel in Werbespots für weiße
»schokoladenfreie« Pralinen sowie
für eine große US-Rummarke mit
dem besonderen »Feeling« sein –
auch wenn das hochprozentige Ge-
tränk in der Karibik gebrannt wird.

Hotelinseln

Nicht verpassen!

- Den Rußseeschwalben auf Bird beim Brüten zuschauen
- Die Unterwasserwelt am Rande des Seychellenplateaus um Denis und Bird entdecken
- Die Anse Victorin auf Frégate, einen der schönsten Strände der Welt, in völliger Einsamkeit genießen
- Meeresschildkröten bei der Eiablage auf Desroches, Denis oder Bird beobachten
- Das außergewöhnliche Mausoleum der Familie Dauban auf Silhouette bestaunen

Zur Orientierung

Das östliche und westliche Ende der Granitinselgruppe bilden die Inseln Frégate bzw. Silhouette mit ihrer kleinen Schwester North. Alle drei haben zwar ein Hotel, befinden sich aber sonst weitgehend im »Naturzustand«, und das im positiven Sinn: So ähnlich dürften auch die großen Granitinseln ausgesehen haben, bevor Menschen hier landeten und sie besiedelten. Es gibt weder Straßen noch Autoverkehr, dafür schroffe Felsen und tropischen Urwald.

Die ursprünglichste ist Silhouette. Flächenmäßig ist sie größer als La Digue und damit die drittgrößte Seychelleninsel. Kleiner und überschaubarer präsentieren sich dagegen Frégate und North.

Ganz im Unterschied zu diesem Trio sind Bird, Denis, Desroches und Alphonse wunderschöne, aber sehr flache Eilande aus Kalk, den Korallen in Jahrhunderten aufgebaut haben. Weil sie nördlich von Mahé liegen, zählt man Bird und Denis als einzige Koralleninseln zu den Inneren Inseln, während Desroches und Alphonse südwestlich von Mahé bereits zu den Äußeren Inseln gehören, die touristisch ansonsten nicht erschlossen sind.

Auf den Inseln waren z.T. bis vor einigen Jahren Kokosplantagen in Betrieb, und deshalb sind die meisten noch reich mit Palmen bewachsen. Weite Lagunen, saubere, weiße Strände, auf denen man sie meist auch umwandern kann, perfekte Bade- und Schnorchelmöglichkeiten sowie interessante sehr fischreiche Tauchreviere zeichnen alle Inseln aus.

Jedes Eiland bietet eine Hotelanlage, die im Bungalowstil gehalten und harmonisch ihrer Umgebung angepasst ist. Auf den Koralleninseln nutzt man Regenwasserreservoirs zur Trinkwassergewinnung, das Wasser zum Duschen kann leicht salzig sein, weil es aus dem Grundwasser stammt.

Die Hotelinseln sind das richtige Ziel für jene, die ihren Gedanken nachhängen möchten, denen ein Buch, ein lauer Abend vor dem Bungalow und das Naturschauspiel des Sonnenuntergangs über dem weiten Meer genügen.

Alle Transfers vom internationalen Flughafen oder von anderen Inseln werden in Absprache mit dem Hotel bei oder nach der Buchung individuell arrangiert. Für einige Inseln gibt es feste Flugzeiten, bei anderen richtet sich der Transfer ganz nach den Wünschen des Gastes. Tagesbesuche ohne Hotelbuchung sind außer auf Silhouette nicht möglich. Einige der Inselhotels schreiben einen Mindestaufenthalt vor.

Mangels alternativer Verpflegungsmöglichkeiten ist die Vollpension auf allen Inseln im Preis inbegriffen.

Frégate lädt zum Träumen ein

Hotelinseln der Inner Islands

*Silhouette

Größe: 20 km²
Transfer: Boot (45 Min. bis 1 Std.) oder Hubschrauber (ca. 15 Min.) ab Mahé

Schroff steigt die 19 km nordwestlich von Mahé gelegene Insel aus dem Meer. An ihren felsigen und abweisenden Küsten, die streckenweise von Korallenriffen umgeben sind, gibt es praktisch nur drei mit dem Boot zugängliche Sandbuchten: im Norden Anse Mondon, an der Westseite Grand' Barbe und im Osten La Passe. Den Hauptteil der Insel nimmt pure Wildnis ein. Zwar wurden die ursprünglichen Wälder teilweise abgeholzt, dafür sind eingeführte Bäume nachgewachsen, vor allem schnell wachsende Albizien mit ihren schirmartigen Kronen, die sich inzwischen überall ausbreiten.

Die meisten der 200 Einwohner leben an der Bucht von **La Passe** in einem kleinen Dorf mit Schule, Kirche, Laden und Krankenhaus. Viele von ihnen arbeiten in der Plantage, auf der Obst und Gemüse angebaut, Kopra gewonnen sowie Kühe und Schweine gehalten werden. Am Bootsanleger von La Passe landen auch die meisten Besucher, wenn sie auf dem Seeweg anreisen.

An die Familie Dauban, die Silhouette kolonisierte, erinnern – neben dem Namen des höchsten Inselberges – auch am südlichen Ende von La Passe ein entzückendes kleines **Mausoleum** im griechischen Stil, das zwischen Kokospalmen hervorschaut, sowie das ***Pflanzerhaus** ganz nahe beim Anlegesteg. Diese recht großzügige Residenz wurde im 19. Jh. aus endemischen Hölzern erbaut, die heute zu Raritäten geworden sind. Eine Besonderheit in dem Kolonialhaus ist der mit Einlegearbeiten versehene Fußboden des zentralen Wohnraumes im Erdgeschoss. Etwas abseits vom Haupthaus liegen Badestube,

Silhouette ist ein noch ursprüngliches grünes Paradies

Küche und ein kleiner Speisepavillon. Das restaurierte Pflanzerhaus dient als kreolisches Restaurant des Hotels Labriz.

Der von Palmen wunderschön umrahmte Strand von La Passe, an dem sich neben dem Dorf auch die Anlage des **Hilton Seychelles Labriz Resort & Spa** befindet, erstreckt sich weit entlang der Bucht. Das Wasser ist hier recht flach, und zum Schnorcheln muss man sich erst durch einige Korallenblöcke ins Tiefe schlängeln.

Schwimmen und Schnorcheln kann man viel besser nördlich an der Sandbucht **Anse Mondon**. Wer die etwas mühsame Wanderung scheut, sollte sich mit dem Boot hinbringen lassen.

Lohnend ist die Inseldurchquerung von La Passe zum Strand der Anse Grand' Barbe. Über den Pfad durch den dichten Tropenwald muss man rund 500 Höhenmeter überwinden – eine ebenso eindrucksvolle wie schweißtreibende Wanderung (ca. 1,5 Std.).

Der Ort **Grand' Barbe** an der Westküste war früher das Zentrum der Kopraverarbeitung, was man noch unschwer an den langsam verfallenden Werkstätten und Schuppen erkennen kann. Viele in Diensten der Daubans stehende Arbeiter wohnten hier zusammen mit ihren Familien. Als die Plantage aufgegeben wurde, zogen alle jungen Leute weg – meistens nach Mahé. Nur einige

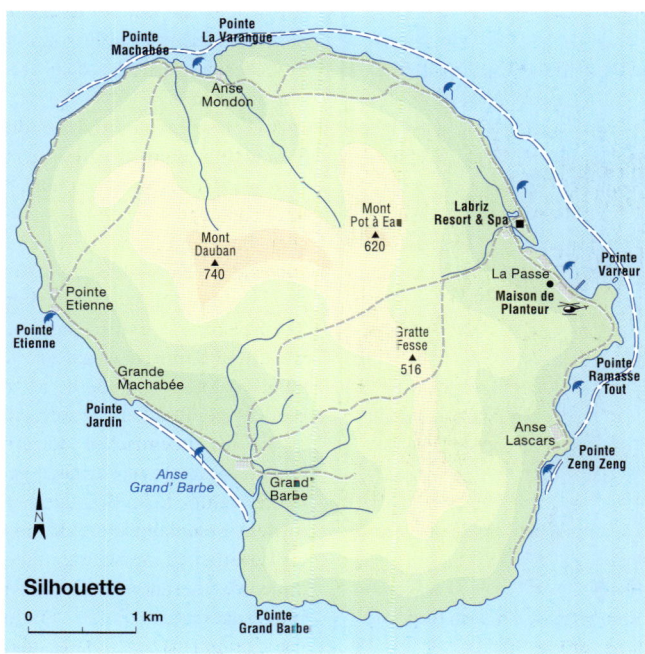

Silhouette

wenige alte, die von dem leben, was sie anbauen oder im Meer angeln, blieben an dem Ort, an dem sie aufgewachsen sind.

Mehr als 700 Höhenmeter durch dichten Urwald sind bei der Besteigung des **Mont Dauban** (740 m), des zweithöchsten Bergs der Seychellen, zu bweältigen (nur mit Führer – bei den Einheimischen nachfragen). Der Gipfel hüllt sich allerdings gerne in Wolken, sodass die Aussicht bis hinüber nach Mahé nicht immer garantiert ist.

Auf den Höhen von Silhouette wachsen die endemischen fleischfressenden Kannenpflanzen. Nach ihnen wurde der zweithöchste Gipfel, der **Mont Pot à Eau** (620 m), benannt. Hoch in den Bäumen hängen tagsüber scharenweise Flughunde ❭ S. 43 mit dem Kopf nach unten. Erst am Abend werden sie aktiv und machen sich über die reifen Mangos und Brotfrüchte her.

Piraten und Kolonialisten

Der Inselname Silhouette geht auf jenen Finanzminister Étienne de Silhouette zurück, nach dem die Franzosen nicht nur den Schattenriss, sondern 1768 eben auch das Eiland benannten. Vermutlich landeten arabische Seefahrer schon früher hier, an der Anse Lascars fand man eine Reihe von Gräbern, deren Herkunft nie ganz geklärt wurde. Einer der ersten Siedler war um 1800 der ehemalige Korsar Jean François Houdoul. Gerüchte, nach denen er dort Schätze vergraben haben könnte, wollen nicht verstummen, einige Unverbesserliche haben bereits an mehreren Stellen erfolglos danach gegraben. Mitte des 19. Jhs. ging Silhouette in den Besitz der französischen Familie Dauban über, deren Nachkommen bis 1960 dort wohnten. Die Daubans brachten Soldaten, Mediziner, Kaufleute und Sportler hervor und heirateten sogar in den Kennedy-Clan ein. Henri, der letzte der Familie, starb vor einigen Jahren auf Mahé.

Inselhotel

Hilton Seychelles Labriz Silhouette Tel. 4293939][Fax 4226273 www.seychelleslabriz.hilton.com Das Insel-Resort & Spa, 2006 eröffnet und mehrfach als bestes Seychellen-Hotel ausgezeichnet, bietet Luxus pur: 17 Pavillons (185 m²) und 93 Villen (88–101 m²), größtenteils am Strand, dazu fünf Restaurants mit kreolischer, italienischer und asiatischer Küche und ein in den Fels eingebettetes Spa sowie ein PADI-Tauchzentrum. ●●●

*Frégate

Größe: 2 km²
Transfer: Kleinflugzeug oder Hubschrauber ab Mahé (ca. 15 Min.)

Zwei Kilometer lang, anderthalb Kilometer breit, bis 125 m über den Meeresspiegel ragend liegt die Privatinsel Frégate 50 km östlich von Mahé. Seit 1976 die Graslandepiste angelegt wurde, kann man die Insel von Mahé aus auf

Auf Frégate kann man sich seinen Lieblingsstrand aussuchen

dem Luftweg erreichen – als einzige der Hotelinseln sogar be_ Dunkelheit.

Neben der Landebahn breite_ sich auf dem ebenen Küstenstreifen an der Nordostseite der Inse_ eine Plantage aus. Während die Kokospflanzungen nur noch als Dekoration dienen und zusehends verwildern, wird das Areal fü_ Obst und Gemüse zur Selbstversorgung der Bewohner und Gäste weiter bewirtschaftet. Zusammen mit wild wachsenden Zimtsträuchern, Bambusgehölzen, Brotfrucht- und Drachenblutbäumen sowie Kokos- und Schraubenpalmen gedeihen viele Würgerfeigen im Urwald von Frégate.

Frégate ist heute in Privatbesitz. Die touristische Entwicklung der Insel begann in den 1970er-Jahren. Früher wohnten die Urlauber im Pflanzerhaus, inzwischen gibt es eine exklusive Hotelanlage mit 16 Villen, die allen erdenklichen Luxus zu bieten hat.

Das **Pflanzerhaus** wurde renoviert, dient als Restaurant (kreolische Küche) für die Hotelgäste und beherbergt ein kleines Museum zur Inselgeschichte.

Mehrere z.T. asphaltierte und mit Golfcarts befahrbare Wege durchqueren die Insel und führen zu verschiedenen Stränden. Zu den schönsten zählt die ***Anse Victorin,** etwa 30 Minuten Fußmarsch vom Pflanzerhaus entfernt an der Nordwestseite. Ebenfalls reizvoll ist die **Anse Bambous** am nördlichen Ende der Landepiste. Eingerahmt von Granitfelsen besitzen beide den feinsten Sand, der auf den Seychellen zu finden ist. Ohne schützendes Korallenriff sind sie während des Nordwestmonsuns zwischen Dezember und März allerdings oft hohen Wellen ausgesetzt, Schwimmen ist dann nur mit Vorsicht möglich. An der **Anse Parc** findet man bei Flut herrliche Schnorchelreviere.

Die Attraktion von Frégate sind **Echt gut!** die zahlreichen wild lebenden Riesenlandschildkröten › S. 129. Sie stammen alle nicht von hier, sondern wurden von Aldabra eingeführt, inzwischen stellt sich aber auch auf Frégate der Nachwuchs ein. Bei Wanderungen über die Insel kann man die Panzertiere überall beobachten, wie sie mit ruckartigen Bewegungen herabgefallene Früchte vertilgen, sich unter röhrendem Stöhnen paaren oder sich in Schlammlöchern suhlen.

Seit alters auf der Insel zu Hause ist einer der seltensten Vögel der Welt: Der Seychellendajal (Seychellenschamadrossel) sieht aus wie eine Amsel mit weißen Flügelflecken und kommt nur noch in wenigen Paaren vor. Jeder Vogel wird registriert und mit einem Fußring markiert. Für Touristen eher unscheinbar, ist die Elsterdrossel für Ornithologen jedoch eine Besonderheit. Man bekommt den zutraulichen Vogel öfters in der Nähe des Pflanzerhauses und auf Streifzügen über die Insel zu Gesicht.

Frégate bietet mit seiner dichten Vegetation noch vielen anderen Vogelarten Lebensraum. Wer sich für die einheimische gefiederte Zunft interessiert, lernt hier einen guten Querschnitt davon kennen: Madagaskar- und Seychellenweber, Hirtenstare, Hollandtauben, Nektarvögel, Feen- und Noddyseeschwalben. Häufig kreist in den Aufwinden über Land der fluggewandte Bindenfregattvogel. Bevor die Menschen kamen, war er auf Frégate der König und die Insel einer seiner bevorzugten Brutplätze. Heute brütet er jedoch nur noch auf dem Aldabra-Atoll › S. 17.

Inselhotel

Frégate Island Private
Tel. 4670100][**Fax 4670907**
www.fregate.com
Maximal 40 Gäste verteilen sich auf 16 wunderschöne Villen im Kolonialstil, Gourmetküche wird im Pflanzerhaus oder an jedem beliebigen Ort der Insel serviert. Luxusspa, Kinderclub und eine Marina mit PADI-Tauchzentrum komplettieren das exklusive Angebot. ●●●

11 North

Größe: 2 km²
Transfer: Hubschrauber ab Mahé (ca. 20 Min.)

Die »Île du Nord« war im Jahr 1609 eine der ersten Seychelleninseln, die von Europäern erforscht wurde. Als »North Island« machte sie 2011 weltweit Schlagzeilen, als das britische Thronfolgerpaar hier

Frégate

0   1 km

N

Schildkröten – Geschöpfe der Urzeit

Wenige urzeitliche Tiere haben die Jahrmillionen so unverändert überstanden wie die **Riesenlandschildkröten,** und kaum eine Spezies wird älter. Den angeblich ältesten von ihnen, wie dem berühmten Esmeralda (tatsächlich ein Männchen) von Bird Island ❯ S. 131, sagt man ein Alter von etwa 200 Jahren nach. Ob die allerdings ihr Höchstalter erreichen, hängt nicht zuletzt davon ab, ob der Mensch es zulässt. Piraten nahmen sie einst als Fleischvorrat an Bord, und die frühen Seychellensiedler ernährten sich von diesen leicht zu fangenden Tieren, bis sie Anfang des 19. Jhs. fast ausgerottet waren. Nur auf dem Aldabra-Atoll überlebte eine Kolonie. Von dort stammen alle Tiere, die heute auf verschiedenen Seychellen-Inseln leben.

Auch die **Meeresschildkröten** fanden ursprünglich ideale Lebensbedingungen in den Gewässern der Seychellen, bis Menschen in die Region kamen. Diese gruben die als Delikatesse geschätzten Eier aus und schlachteten die beim Landgang unbeholfenen Muttertiere zu Tausenden ab: die Suppenschildkröte, um ihr Fleisch zu essen, die Echte Karettschildkröte, um aus ihrem Panzer Kämme, Fächer oder Schmuck zu fertigen.

Alle Schildkrötenarten stehen auf den Seychellen inzwischen unter Naturschutz, und der Export von Schildpatt ist streng verboten. Dennoch ist die Suppenschildkröte im Norden der Seychellen praktisch ausgerottet. Der Karettschildkröte hingegen kann man beim Tauchen und Schnorcheln hie und da noch begegnen. Im Gegensatz zu anderen Gegenden der Welt kommen Meeresschildkröten auf den Seychellen in der Zeit zwischen Oktober und Februar sogar tagsüber zur Eiablage an Land. Die (geringe) Chance, sie dabei zu beobachten, hat man am ehesten auf den Koralleninseln wie Bird, Denis und Desroches oder in den streng überwachten Naturschutzgebieten im Ste. Anne Marine National Park bei Mahé sowie auf Curieuse. Aride und vor allem Cousin.

seine Flitterwochen verbrachte. Nachdem sich die Kokosplantage in den 1970er-Jahren als unrentabel erwies, wurde die Insel von Menschen zunächst verlassen. Mittlerweile war sie aber fest in der Hand von Tier- und Pflanzenarten, die der Mensch hier eingeschleppt hatte. Es bestand kaum eine Chance, dass sich die Natur aus eigener Kraft erholte, und so lag es wieder in der Hand des Menschen, die Insel wenigstens annähernd in ihren natürlichen Zustand zurückzuführen – doch das kostete Geld.

Unter diesen Voraussetzungen erwuchs eine einzigartige Symbiose: Gleichzeitig mit dem 2002 eröffneten Hotel wurden auf der Insel auch die Maßnahmen zum Natur- und Artenschutz vorangetrieben. Mit dem aus dem Hotelbetrieb erwirtschafteten Gewinn wird unter anderem die Ansiedlung von Tierarten gefördert, die auf anderen Inseln bereits kurz vor dem Aussterben standen. Und damit wird nicht nur das Gewissen der Urlauber beruhigt, sondern das Hotel bietet eine echte Attraktion: Die Gäste werden ausführlich über aktuelle Naturschutzprojekte informiert und dürfen auch daran teilnehmen.

Aktivurlauber können neben Spaziergängen und Radtouren über die hügelige Insel auch Ausflüge zum Tauchen, Angeln oder Kajakfahren sowie zur großen Schwesterinsel Silhouette ein paar Kilometer südlich unternehmen. Schwimmen und Schnorcheln sind rund um die Insel möglich.

Inselhotel

North Island
Tel. 4293100][**Fax 4293150**
www.north-island.com
Elf traumhafte individuell gestaltete Villen (je 450 m²) mit privatem Pool. Speisen aus frischesten Zutaten werden nach Wünschen der Gäste individuell zubereitet. Zudem gibt es Spa, Fitnessraum, PADI-Tauchbasis, Mountainbike- und Kajak-Verleih. ●●●

 12   ****Bird**

Größe: 0,7 km²
Transfer: Kleinflugzeug tgl. ab Mahé (ca. 30 Min.)

Rund hundert Kilometer von Mahé entfernt ist Bird Island der nördlichste Vorposten des Seychellen-Archipels. Ursprünglich hieß die Insel »Île aux Vaches«, weil es in ihrer Nähe angeblich Seekühe *(vaches marines)* gab. Aus heutiger Sicht ist der aktuelle Name auf jeden Fall treffender, denn Ende der 1960er-Jahre ließ der Inseleigner Guy Savy alle Kokospalmen am Nordostende roden, um den Seevögeln, die vor der Besiedlung auf die Insel zum Brüten kamen, die Rückkehr zu ermöglichen.

Sie haben das Angebot dankbar angenommen. Heute sind es über eine Million Rußseeschwalben, die jedes Jahr zwischen April und Oktober hier ihre Eier legen und lärmend mit den Jungen das Fliegen üben. Den Rest des Jahres verbringen die Vögel über dem offenen Meer. Besucher können den Brutbetrieb aus nächster Nähe miterleben. Auf der Insel nisten auch Noddy- und Feensee-schwalben, die gerne zu zweit ihre Runden drehen. Viele andere Vögel sind das ganze Jahr über auf Bird Island zu Hause, darunter die Sperbertäubchen, Madagaskarweber, Hirtenstare und Steinwälzer. Hoch über der Insel kreisen Bindenfregattvögel, die von der weit entfernten Insel Aldabra herüberkommen.

Von Aldabra stammt auch der ältesten Bewohner von Bird Island: Die Risenlandschildkröte (*Aldabrachelys gigantea*) Esmeralda – entgegen dem Namen ein Männchen – soll 300 kg wiegen und an die 200 Lebensjahre auf seinem mächtigen, 1,80 m langen Panzer herumschleppen. Er gilt als die älteste Riesenlandschildkröte der Welt. Gerne lässt er sich fotografieren und mit reifen Papayafrüchten füttern ❯ S. 129.

Zu den übrigen Bewohnern zählen neben den Besuchern sonst nur noch die Angestellten; Obst, Gemüse und Schweinefleisch stammen aus inseleigener Produktion. Da Bird Island nur eine Seemeile weit vom Abbruch des Seychellenplateaus entfernt liegt, gelangen Hochseeangler von hier aus leicht zu interessanten Fischgründen. Hochseeangelboote sind vorhanden, die Ausrüstung sollte man aber mitbringen.

Zum Schnorcheln empfiehlt sich der südöstliche Teil der Insel, dem ein Korallenriff vorgelagert ist. Hier ist das Wasser teilweise flach; auf Strömungen ist zu ach-

Bird Island trägt ihren Namen zu Recht

ten. Im Westen lädt direkt vor der Lodge ein herrlicher Badestrand zum Schwimmen ein.

Inselhotel

Bird Island Lodge
Tel. 4323322][Fax 4323335
Reservierung (Mahé):
Tel. 4224925][Fax 4225074
www.birdislandseychelles.com
Logiert wird in 24 bewusst einfach ausgestatteten, aber großzügigen und wohnlichen Chalets mit Veranda und Meerblick inmitten einer alten Kokosplantage. Das Büfettrestaurant im rustikalen Haupthaus serviert gute Inselküche. ●●●

Denis

Größe: 1,5 km^2
Transfer: Hubschrauber oder Kleinflugzeug tgl. außer Mi ab Mahé (ca. 30 Min.)

Denis, 50 km östlich von Bird und 90 km von Mahé entfernt, ist zwar doppelt so groß wie ihre Schwesterinsel, ihr aber ansonsten nicht unähnlich. Auch sie besitzt ein schützendes Korallenriff an der Ost- und Südküste, ist allerdings weitaus dichter bewachsen. Üppig gedeihen Kokospalmen, Kasuarinen, Takamaka- und Indische Mandelbäume; zahlreiche Wege führen durch das vegetations- und vogelreiche Inselinnere.

Auf Denis, das in Privatbesitz ist, leben rund 50 Insulaner in der ehemaligen Pflanzersiedlung, die sich gleich hinter der Landebahn erstreckt. Einige historische Häuser und ein Leuchtturm sind noch erhalten. Auf dieser Seite der Insel wird auch Vieh gehalten und Gemüse angepflanzt.

Auch von Denis aus ist man vom Rand des Seychellenplateaus mit seinem Fischreichtum nicht weit entfernt – ein Grund, warum Hochseeangler die Insel besonders schätzen. Boote und Angelausrüstung stehen zur Verfügung. Die Hobbyangler tragen auch dazu bei, dass täglich frisch gefangener Fisch auf den Tisch kommt. Wie fast überall bleibt ihnen nur das Foto, während die Bonitos, Dorados oder Fächerfische anschließend in der Küche des Inselhotels verschwinden.

Traumhafte weiße, feinsandige Badestrände findet man am Nordwestende vor den Bungalows. Hier liegen auch die interessanten Schnorchelreviere, wo man sogar Adlerrochen und Karettschildkröten begegnen kann. Die Insel verfügt auch über eine PADI-Tauchbasis, und **herrliche, bisher kaum berührte Tauchgründe** gibt es in der Nähe reichlich. Zudem sind auch Möglichkeiten zum Segeln, Windsurfen oder Kayaking vorhanden.

Echt gut

Denis Private Island – idealer Ort zum Entspannen

Inselhotel

Denis Private Island
Tel. 4295999][Reservierung (Mahé): Tel. 4288963][Fax 4321010
www.denisisland.com
Die 23 geräumigen Cottages (90 m^2) und zwei Villen (169 und 325 m^2) der eleganten Anlage verteilen sich im Tropengarten am Strand. Das ausgezeichnete Büfettrestaurant bietet Spezialitäten mit Fangfrischem aus dem Meer und Gemüse aus Inselanbau. ●●●

Hotelinseln der Outer Islands

Desroches

Größe: 3,2 km²
Transfer: Kleinflugzeug tgl. ab Mahé (ca. 45 Min.)

230 km südwestlich von Mahé liegt die 6 km lange und 1 km breite Insel, die zur Gruppe der Amiranten gehört. Die touristische Erschließung von Desroches ist noch relativ jung, einst war die Kopragewinnung die einzige Erwerbsquelle der Inselbewohner, und die Kopra von Desroches galt als die hochwertigste des Indischen Ozeans.

Die 50 auf Desroches verbliebenen Insulaner leben auch heute noch in bescheidenem Umfang vom Ertrag der Palmenplantagen. Sie wohnen in einer alten Siedlung, deren schönstes Gebäude das 1925 errichtete **White House** ist, das jetzt dem Inselverwalter als Wohnung dient. Vom **Leuchtturm** am östlichen Ende der Insel kann man eine herrliche Aussicht genießen.

Rund 15 km Strand aus weißem Sand umgeben Desroches. Leicht kann man die Insel in wenigen Stunden zu Fuß umrunden (am besten bei Ebbe). Wer Schatten bevorzugt, streift zu Fuß durchs dicht bewachsene Innere der Insel oder leiht sich eines der Hotelfahrräder. Man sollte auf keinen Fall barfuß losziehen, da

Brunnen in der Siedlung von Desroches

teils scharfe Korallensteine bis an den Strand reichen.

Auf Desroches ist eine vielfältige Vogelwelt anzutreffen, darunter Sperbertäubchen, Seychellenweber und Feenseeschwalben.

Dass frischer Fisch auf dem Speiseplan des Inselhotels steht, dafür sorgen nicht zuletzt die Hochseeangler, für die die Region der Amiranten ein Dorado ist. Plaketten am Wassersportzentrum verkünden Rekordfänge, darunter Speer- und Fächerfische.

Den schönsten Badestrand findet man unweit der Landepiste im Westen von Desroches. Andere gute Plätze zum Schwimmen und

Die Falterfische gehören zu den farbenprächtigsten Riffbewohnern

Schnorcheln gibt es an der Nordwestseite bei den Villen, obwohl das Wasser bei Ebbe häufig etwas flach ist. Auch Windsurfen und Kajakfahren sind möglich.

Echt gut! **Für Taucher ist Desroches die beste Adresse der Seychellen:** Die Insel liegt auf einem unterseeischen Atollring, der zum offenen Meer steil abfällt und mit vielen Schluchten, Grotten und Tunneln durchsetzt ist. Von November bis Mai finden erfahrene Taucher hier sehr gute Bedingungen vor, von Mai bis September ist Tauchen nur in der flachen Lagune möglich. Das dem Hotel angegliederte PADI-Tauchzentrum bietet Kurse und Ausflüge zu den interessantesten Tauchgründen an.

Inselhotel

Desroches Island Resort
Tel. 4229003][**Fax 4376793**
www.desroches-island.com
Seit 2008 bietet sich Unterkunft in 34 neuen geräumigen Villen mit je vier Schlafzimmern (440–776 m²) und eigenen Pools sowie 20 Strandsuiten. Das Restaurant serviert internationale und kreolische Küche, man findet Pool, Spa, Tauch- und Angelzentrum. ●●●

Alphonse

Größe: 1,7 km²
Transfer: Kleinflugzeug ab Mahé, Sa zwischen Oktober und April (ca. 1 Std.)

Das dreieckige Korallenatoll 400 km südlich von Mahé, auf dem im 19. Jh. eine Kokosnussplantage große Ernten erzielte, bietet neben einem Luxusresort vor allem Riffe und eine Lagune, die ein Paradies für Fliegenfischer darstellt. Während der derzeitigen Renovierung wird das Hotel nur in der Angelsaison (Okt.–April) als Unterkunft für einwöchige Angelexkursionen mit höchstens 14 Teilnehmern genutzt (Infos unter www.flyfishseychelles.com oder www.flyfishergroup.com).

Inselhotel

Alphonse Island Resort
Tel. 4292800][**Fax 4292899**
www.alphonse-resort.com
Zur Verfügung stehen fünf noble Villen mit Jacuzzis und 25 Chalets auf Stelzen, alle mit Meerblick-Veranda an der Lagune. Derzeit in Renovierung. ●●●

Infos von A–Z

Ärztliche Versorgung

In den großen Hotels macht normalerweise eine Krankenschwester Dienst Privatärzte haben sich hauptsächlich in Victoria niedergelassen (Adressen in den »Gelben Seiten«, www.yellowpages.sc). Der Besuch in einer Klinik kostet weniger als 10 €, der Hausbesuch eines Arztes im Hotel 20–25 €.

Das komplett ausgestattete **Zentralkrankenhaus**, einschließlich Zahn- und Augenklinik, befindet sich auf Mahé in Victoria (Mont Fleuri Road, bei den National Botanical Gardens 〉 S. 75), ein kleineres in Anse Royale, in den größeren Ortschaften Mahés gibt es Krankenstationen. Praslin hat zwei Kliniken (in Baie Ste. Anne und Grand' Anse), La Digue eine.

■ Victoria Hospital: Tel. 4388000
■ Anse Royale Hospital: Tel. 4371222
■ Baie Sainte Anne Hospital:
Tel. 4232333
■ La Digue Logan Hospital:
Tel. 4234255

Apotheken

Es gibt drei Apotheken auf Mahé, alle in Victoria (Öffnungszeiten ca. Mo–Fr 8–16 Uhr, Sa 8–13 Uhr):
■ Behram's Pharmacy, Orion Building (beim Clock Tower), Tel. 4225559
■ Central Point Pharmacy, Le Chantier Building, Francis Rachel Street, Tel. 4225574
■ Lai Lam Pharmacy, Market Street (südlich des Marktes), Tel. 4322336

Die Medikamentenausgabe im Victoria Hospital (Tel. 2511203) ist Mo–Fr 8–18, Sa und So 8–12 Uhr geöffnet (Mont Fleuri Road 〉 auch oben).

Auf Praslin und La Digue gibt es bislang keine Apotheken, jedoch ebenfalls Medikamente in den Kliniken.

Devisenbestimmungen

In- und ausländische Devisen dürfen uneingeschränkt ein- und ausgeführt werden. Der Umtausch von Devisen darf nur bei amtlich genehmigten Stellen (Banken, Hotels usw.) erfolgen.

Diplomatische Vertretungen

Auf den Seychellen sind Deutschland und die Schweiz durch Honorarkonsulate vertreten. Jenseits deren Befugnissen können sich EU-Bürger in diplomatischen Angelegenheiten vor Ort auch an die Botschaft Frankreichs wenden, Schweizer Bürger werden in solchen Fällen über das Konsulat an die zuständige Botschaft in Nairobi/Kenia weitervermittelt. Dort haben auch die deutsche und österreichische Botschaft ihren Sitz, zu deren Amtsbezirk die Seychellen gehören.

■ **Deutsches Honorarkonsulat:** P.O. Box 1310, Centre for Environment and Education, Roche Caiman, Victoria, Mahé, Tel. 4601100, Fax 4601102, victoria@hk-diplo.de
■ **Honorarkonsulat der Schweiz:** P.O. Box 935, MG Building, Providence Industrial Estate, Victoria, Mahé, Tel. 4374278, Fax 4374304, victoria@honrep.ch
■ **Ambassade de France,** P.O. Box 478, La Ciotat, Mont Fleuri, Mahé, Tel. 4382500, Fax 4382510, www.ambafrance-sc.org
Österreichische Staatsbürger müssen sich z.Zt. an ihre Botschaft in Nairobi wenden (Stand Februar 2013; Tel. +254 20 40600-22, -23, -24, Fax 40600-25, www.aussenministerium.at/nairobi).

Ein- und Ausreise

Für die Einreise auf die Seychellen ist kein Visum erforderlich. Ein mindestens bis zum geplanten Abreisetag gültiger Reisepass, Rück- oder Weiterreiseticket und ein Unterkunftsnachweis genügen für einen Aufenthalt von bis zu drei Monaten (für Bürger der Schengenstaaten) bzw. einem Monat (für alle anderen).

Für länger dauernde Aufenthalte ist eine Genehmigung notwendig, die man bei der Einwanderungsbehörde beantragen muss:

■ **Department of Internal Affairs, Immigration Division,** Independence House (Ecke Independence/5th June Avenues), 2nd Floor, P.O. Box 430, Victoria, Mahé, Tel. 4293636, Fax 4225035, info@immigration.gov.sc

Gegebenenfalls muss man auch nachweisen, dass man finanziell für seinen Aufenthalt aufkommen kann.

Bei der Passkontrolle ist ein ausgefülltes und unterschriebenes Ein-/Ausreiseformular vorzulegen, das bereits im Flugzeug verteilt wird. Ist dies nicht der Fall, finden Sie diese Formulare an den Ständen vor der Passkontrolle.

Das Tourist Information Office hat in der Ankunftshalle des Flughafens eine Vertretung, um notfalls bei der Unterkunftssuche behilflich zu sein. Mehrere Bankschalter zum Geldwechseln befinden sich außen vor dem Flughafengebäude. Gegenüber sind die Schalter einiger Autovermietungen, daneben befindet sich der Taxistand.

Bei der Ausreise ist zu beachten, dass der Abschnitt des Ein- und Ausreiseformulars mit dem Pass vorgelegt werden muss.

Elektrizität

Die Netzspannung auf den Inseln beträgt 240 Volt (Wechselstrom). Die Stecker besitzen drei rechteckige Stifte (britische Norm). Adapter sind zwar in den meisten Hotels erhältlich, aber sicherheitshalber sollte man sie gleich mitbringen.

Feiertage

1. und 2. Jan. (New Year, Neujahr), Karfreitag (Good Friday), Ostersonntag (Easter), 1. Mai (Labour Day, Tag der Arbeit), Fronleichnam (Corpus Christi), 5. Juni (Liberation Day, Tag der Machtergreifung), 18. Juni (National Day, Nationalfeiertag), 29. Juni (Independence Day, Unabhängigkeitstag), 15. Aug. (Assumption Day, Mariä Himmelfahrt), 1. Nov. (All Saints' Day, Allerheiligen), 8. Dez. (Immaculate Conception, Mariä Empfängnis), 25. Dez. (Christmas Day, 1. Weihnachtsfeiertag).

Fotografieren

Auf den Seychellen verkaufen zwei Fachgeschäfte in Victoria (Photo Eden und Kim Koon) sowie Hotelboutiquen Einweg-Unterwasserkameras und Unterwassergehäuse für Digitalkameras, doch sind sie teurer als in Mitteleuropa. Gleiches gilt für Batterien, Speichermedien für Digitalkameras oder für Film- und Videomaterial. Empfehlenswert ist eine gute Kameratasche zum Schutz vor Sonne, Hitze, Sand und Wasser.

Geld und Währung

Die Landeswährung ist die Seychellen-Rupie (SR oder SCR), unterteilt in 100 Cents. 1 € ≈ 16 SCR, 1 CHF ≈ 13 SCR.

Neben der Seychellen-Rupie werden auch gängige Devisenwährungen wie Euro, Britische Pfund oder US-Dollar fast überall angenommen. Größere Hotels, Restaurants und Autovermietungen akzeptieren auch Kreditkarten (MasterCard, Visa, American Express).

Banken gibt es auf Mahé in Victoria, Beau Vallon, Anse Royale und am Flughafen; auf Praslin in Baie Ste. Anne und Grand' Anse; auf La Digue an der Uferpromenade. Geöffnet haben die Banken meist Mo–Fr 8–14 Uhr, Sa 8–11 Uhr. Am Flughafen sind die Schalter zusätzlich bei Ankunft und Abflug der internationalen Maschinen geöffnet.

Gesundheitsvorsorge

Die Seychellen sind frei von Tropenkrankheiten. Deshalb sind keine speziellen Impfungen notwendig, es sei denn, man reist aus einem Infektionsgebiet ein.

Mit Mücken (auch im Sand) muss man immer rechnen, v.a. am Abend und an den windabgewandten Seiten einer Insel. Die meisten Hotels haben Klimaanlagen und/oder Ventilatoren in den Zimmern, Moskitonetze oder lediglich Räucherspiralen *(coils)*. Schutzmittel zum Auftragen sind auf den Seychellen teurer als in Europa. Mitnehmen sollte man ein spezielles Gel, das nach Stichen vor Entzündungen und Juckreiz schützt. Nachtaktive Hundertfüßler kommen z.B. an manchen Stränden vor. Ihr Biss ist schmerzhaft und sollte vom Arzt mit Antibiotika behandelt werden.

Quallen treiben zwar selten in den Gewässern um die Seychellen, bei Kontakt verursachen aber einige Arten schmerzhafte Hautreizungen, die man durch Abreiben mit Alkohol oder trockenem Sand lindern kann. Verletzungen – auch geringe Abschürfungen – an Korallen sollte man gleich mit Trinkwasser auswaschen und mit Alkohol desinfizieren, sonst heilen sie schlecht. Gegebenenfalls behandelt man die Wunde mit Heilsalbe, in schlimmen Fällen ist der Arzt aufzusuchen. Die bessere Variante: Fassen Sie unter Wasser nichts an, vor allem nichts, was Sie nicht kennen (Fische, Muscheln und Korallen können stechen), und tragen Sie im Meer Flossen oder Badeschuhe.

Nehmen Sie v.a. während der ersten Tage kein Sonnenbad. Schützen Sie sich bei Ausflügen mit T-Shirt, Hut und Cremes mit hohem Lichtschutzfaktor. Ein Tropen-Sonnenbrand bringt nicht nur Haut-, sondern oft auch Kreislaufprobleme. Letztere können auch durch Salzverlust auftreten; bei sehr starkem Schwitzen helfen Salztabletten.

Das Leitungswasser hat zwar Trinkwasserqualität, und der hygienische Standard ist auf den Seychellen hoch, doch kann man Magen-/Darminfekte nie völig ausschließen. Medikamente dagegen sollten Sie mitbringen, da deren Kauf auf einigen Inseln schwierig sein kann. Es empfiehlt sich, auch für Beschwerden wie Schmerzen, Erkältung, Fieber, Sonnenbrand usw. entsprechende Arzneimittel einzupacken.

Haustiere

Die Mitnahme von Haustieren auf die Seychellen ist bei Aufenthalten von weniger als 6 Monaten untersagt. Darüber benötigen Hunde und Katzen Genehmigung des Veterinäramtes, inklusive Impfungen und Quarantäne. Vögel dürfen generell nicht eingeführt werden.

Information

■ **Seychelles Tourist Office,** Hochstr. 17, 60313 Frankfurt/Main, Tel. 069 29720789, Fax 29720792, www.seychelles.travel/de, info@seychelles-service-center.de, Mo–Fr 9–13 und 14–17 Uhr.

Vor Ort helfen die Tourist Information Offices des **Seychelles Tourism Board (STB)** weiter:

■ STB-Hauptbüro, Independence House, Victoria, Mahé, Tel. 4610800, Fax 4610801, www.seychelles.travel, info@seychelles.net, Mo–Fr 8–16.30, Sa 9–12 Uhr, So und Fei geschl.

■ Weitere STB-Infobüros befinden sich im Seychelles International Airport > S. 91 auf Mahé, im Îles des Palmes Airport > S. 100 und an der Baie Ste. Anne Jetty > S. 104 auf Praslin sowie in La Passe > S. 116 auf La Digue.

Kleidung

Ideal für die Tropen ist leichte Kleidung aus Baumwolle, Seide oder Viskose bzw. anderen atmungsaktiven Fasern. Auch abends kann man sich in allen Hotels leger kleiden, lange Hosen werden bei Männern allerdings erwartet. Anzug und Krawatte können Sie getrost zu Hause lassen – es sei denn, Sie wollen eine Hochzeit feiern > S. 76.

Warme Pullover braucht man nicht. Eine leichte Strickjacke oder ein Sweatshirt reichen aus, denn auch abends bleibt es fast immer warm. In Badebekleidung sollte man nur am Strand oder auf dem Hotelgelände auftreten. Ein Taschenschirm ist nützlich gegen einen Tropenschauer, ein leichter wasserdichter Anorak auch gegen Spritzwasser bei Bootsfahrten. Vergessen Sie Ihre Badeschuhe (möglichst geschlossen) nicht als Schutz gegen scharfkantiges Korallengestein, Seeigel usw.

Krankenversicherung

Im Krankheits- bzw. medizinischen Notfall auf den Seychellen werden Kosten für Behandlungen, Krankentransport oder Krankenhausaufenthalt von den gesetzlichen Krankenkassen nicht übernommen. Der Abschluss einer privaten Reisekrankenversicherung, die einen Rücktransport bei medizinischer Notwendigkeit einschließt, ist deshalb unbedingt empfehlenswert.

Privat Versicherte sollten vor Reiseantritt anfragen, ob ihre Krankenversicherung eventuell Kosten übernimmt.

Maßeinheiten

Es gilt das metrische System; nur selten werden noch die alten britischen Maßeinheiten verwendet.

Notruf

Zentrale Notrufnummer für ärztliche Hilfe (Ambulanz), Feuerwehr und Polizei: **Tel. 999.**

Öffnungszeiten

Geschäfte sind Mo–Fr 8–16 Uhr und Sa 8–12 Uhr geöffnet, manche machen von 12 bis 13 Uhr Mittagspause. Kleine Läden außerhalb Victorias haben häufig bis spätabends offen, mitunter auch Sa und So. Das gilt auch für Läden in Hotels oder in Hotelnähe.

Banken haben Mo–Fr 8–14 Uhr und Sa 8–11 Uhr Schalterstunden, die Bürozeiten sind Mo–Fr 8–12, 13–16 Uhr.

Post

Das **Hauptpostamt** befindet sich auf Mahé in Victoria, Independence Avenue/Albert Street, unmittelbar am Clock Tower; geöffnet ist es Mo–Fr 8–16 und Sa 8–12 Uhr – inklusive einem Sonderschalter für Philatelisten. Ein weiteres Postamt gibt es im Süden von Mahé in Anse Royale.

Auf Praslin gibt es Postämter in Baie Sainte Anne und Grand' Anse, geöffnet Mo–Fr 8–12, 14–16, Sa 8–12 Uhr, ein weiteres auf La Digue.

Briefkästen findet man selbst in kleineren Ortschaften (an den Polizeistationen). Natürlich kann man seine Post auch im Hotel abgeben.

Luftpostbriefe bzw. -karten nach Europa sind etwa fünf Tage unterwegs, das Porto beträgt 10 bis 15 SCR.

Rundfunk und Fernsehen

Nachrichten sendet Radio Seychelles auf der Frequenz 1368 kHz tgl. um 18 Uhr auf Englisch sowie um 17 Uhr auf Französisch, Kurznachrichten auf Englisch um 7 und 13 Uhr, auf Französisch um 7.30 sowie 12.30 Uhr.

Die staatliche Fernsehgesellschaft Seychelles Broadcasting Corporation (SBC) zeigt v.a. Eigenproduktionen, oft in kreolischer Sprache. Dazu kommen englische und französische Filme sowie europäische Sendungen und US-Serien. Kurznachrichten auf Englisch gibt es tgl. um 19 Uhr, auf Französisch um

18 Uhr. Via Satellit sind in einigen Hotels auch ausländische Programme zu empfangen. Die meisten großen Hotels statten ihre Zimmer mit TV-Geräten aus und bieten zumindest einen Filmkanal oder verleihen DVDs oder BDs an ihre Gäste.

Sicherheit
Auch auf den Seychellen werden die Langfinger immer zahlreicher. Diebstähle finden nicht zuletzt an vermeintlich einsamen Stränden statt. Lassen Sie grundsätzlich keine Sachen unbeaufsichtigt liegen – auch nicht im Auto! Im Hotel (v.a. auf den großen Inseln) sollten Sie Zimmer- oder Hotelsafes nutzen und bei Abwesenheit Zimmer- und Balkontüren stets abschließen, auch wenn Strand- und Nachtwächter eingesetzt werden.

Souvenirs
Beliebte Souvenirs der Seychellen sind Tee und Gewürze sowie exotische Parfüms aus tropischen Pflanzen, Blüten und Wurzeln wie jene von Kreofleurage › S. 82 auf Mahé.

Groß ist die Auswahl an Vasen, Figuren und anderen Gegenständen aus Keramik in verschiedenen Töpfereien wie zum Beispiel Seypot › S. 91. Schöne Briefmarken mit Tier- und Pflanzenmotiven bekommt man beim Philatelistenschalter der Hauptpost › S. 138.

Eine Seychellennuss ist sicher das originellste Andenken, kostet aber umgerechnet mindestens 150 € (beim Kauf muss der Händler eine Ausfuhrgenehmigung mitgeben › S. 140). Nicht zuletzt seiner exotischen, einer Seychellennuss nachgeformten Flasche wegen ist »Coco d'Amour« beliebt, ein cremiger Kokosnusslikör, der u.a. aus dem Inneren der Seychellennuss gewonnen wird. Ansprechend, aber auch nicht billig sind die in Handarbeit gefertigten Bootsmodelle › S. 92.

! Verlockend ist die große Auswahl an Muschel- und Schneckengehäusen. Aber sie werden – mit den lebenden Tieren darin – aus dem Meer geholt und an Land getrocknet, um der Nachfrage nachzukommen. Gemäß den Bestimmungen des Washingtoner Artenschutzabkommens ist jeglicher Handel mit bedrohten Tierarten oder Teilen davon strengstens untersagt, ebenso deren Einfuhr in die EU oder die Schweiz. Gute Informationen dazu findet man bei www.artenschutz-online.de.

Telefon und Internet
In den größeren Hotels kann man vom Zimmer aus direkt ins Heimatland telefonieren. Billiger telefoniert man von den öffentlichen Fernsprechern, die man auf Mahé, Praslin und La Digue an den Hauptstraßen findet. Für die Münzfernsprecher benötigt man 1- oder 5-Rupien-Münzen.

Viele *Publiphones* sind aber Kartentelefone, Telefonkarten dafür verkaufen Postämter, Tankstellen, kleine Läden und auch Boutiquen sowie die Büros der beiden Telefongesellschaften AirTel und Cable & Wireless in Victoria gegenüber der Nationalbibliothek. Von dort aus kann man auch rund um die Uhr günstig telefonieren. Es gibt auch einige Kreditkartentelefone.

Gespräche mit dem eigenen Mobiltelefon sind für die meisten Kunden

Urlaubskasse	im Hotel
Tasse Kaffee	3–6 €
Softdrink (Flasche)	2–3 €
Bier (Flasche)	6–11 €
Sandwich	10–20 €
Kugel Eis	5 €
Taxifahrt (pro Kilometer)	1,30 bis 1,60 €
Mietwagen/Tag	40–60 €

europäischer Telefonanbieter möglich. Ob vor Ort Roaming möglich ist, sollte man vorab bei seinem Provider erfragen, nach dessen Tarifen sich die auch die Kosten richten. Billiger wird es mit einer Prepaid-Karte für die Seychellennetze (GSM 900). Sie decken die meisten der Inneren Inseln ab. Da bei einem Austausch der SIM-Karte auch die Telefonnummer wechselt, empfiehlt es sich, ein Telefon zu benutzen, das zwei SIM-Karten akzeptiert, oder ein zweites Gerät mitzunehmen bzw. zu mieten.

Seit der Umstellung im August 2011 sind alle Telefonnummern auf den Seychellen 7-stellig (Festnetznummern – beginnend mit 2, 3 oder 6 – ist eine 4 vorangestellt, Mobilnetznummern – beginnend mit 5 oder 7 – ist eine 2 vorangestellt).

Auslandsvorwahlen:
(Die erste Null der folgenden Ortsnetzkennzahl entfällt jeweils)

- nach Deutschland 00 49
- nach Österreich 00 43
- in die Schweiz 00 41
- für die Seychellen 00 248

Internetcafés gibt es immer häufiger, und etliche der größeren Hotels bieten Zugang zum Internet, oft sogar drahtlos (WiFi, WLAN) und mitunter auch kostenlos für die Gäste.

Trinkgeld

Trinkgelder werden nicht unbedingt erwartet, aber ähnlich wie zu Hause ist bei gutem Service ein Trinkgeld angebracht, sei es für das Zimmermädchen, den Hotelpagen oder die Bedienung – auch wenn in Restaurants das Bedienungsgeld (5–10%) bereits eingeschlossen ist.

Zeit

Die Seychellen sind der Mitteleuropäischen Zeit um drei Stunden, der Mitteleuropäischen Sommerzeit folglich um zwei Stunden voraus.

Zeitungen

Die wichtigste Tageszeitung ist das Regierungsblatt »Seychelles Nation« (www.nation.sc). Sie publiziert nicht nur internationale Nachrichten, sondern auch Informationen über Wechselkurse, Gezeitenstand usw. Es gibt auch eine Reihe von Wochenzeitungen, die eher oppositionell ausgerichtet sind. Die drei Landessprachen werden darin bunt vermischt.

Englische und z.T. sogar deutschsprachige Presseerzeugnisse kann man in den Buchläden von Victoria sowie in Hotelboutiquen kaufen.

Zollbestimmungen

Zollfrei eingeführt werden dürfen Gegenstände des persönlichen Gebrauchs sowie 2 l Wein oder Spirituosen, 200 Zigaretten oder 250 g Tabak, 200 ml Parfüm; zudem zollpflichtige Artikel bis zu einem Wert von 3000 SCR/Person. Verboten ist die Einfuhr von Harpunen, von jeglichem pornografischem Material, von Pflanzen, Samen, Früchten, Gemüse sowie Tee oder tierischen Produkten. Wertvolle elektronische Geräte sowie alle Gegenstände, die auf den Seychellen beruflich oder geschäftlich genutzt werden, sind bei der Einreise zu deklarieren.

! Für die Ausfuhr der Seychellennuss ist eine schriftliche Genehmigung eines autorisierten Händlers nötig. Achten Sie darauf, dass man Ihnen diese beim Kauf aushändigt.

Bei der Rückreise ins Heimatland sind pro Person über 16 Jahre 200 Zigaretten oder 50 Zigarren oder 250 g Tabak, 4 l Wein sowie 2 l Alkoholika unter 22 Vol-% oder 1 l Spirituosen über 22 Vol.-% (EU) bzw. 2 l alkoholische Getränke unter 15 Vol.-% und 1 l Spirituosen über 15 Vol.-% (CH) sowie Souvenirs bis zu einem Gesamtwert von max. 430 € (EU) bzw. 300 CHF (CH) zollfrei einführbar.

Register

Bildnachweis

Alamy/imagebroker: 55, 93; Bildagentur Huber/P. de Duca: 56; Bildagentur Huber/Johanna Huber: 119; Bildagentur Huber/Mehlig: 113; Bildagentur Huber/R. Rinaldi: 13; Bildagentur Huber/Massimo Ripani: U2-Top12-10, 9, 63, 97; Bildagentur Huber/R. Schmic: 2-3, 21, 35; Black Pearl Ocean Farm: U2-Top12-09; Holger Erbst: 8, 134; Reiner Ertl: 43, 44; Fotolia/Arobis: 80; Fotolia/Basti1976: 26; Fotolia/Benicce: 30; Fotolia/Kica Henk: U2-Top12-03; Fotolia/Hennie Kissling: 46, 86; Fotolia/David Köster: 90; Fotolia/Jürgen Rudorf: 28-1; Fotolia/Taucherfreund: 28-2; Fotolia/Jnzlesam: U2-Top12-05; Frégateisland/Jochen Tack: 127; Norbert Frick: 54, 65, 76; Martin & Lore Guderjahn: 72, 85, 88, 89, 101, 106, 109, 133; iStockphoto/fcknimages: 40; Volkmar Janicke: 74; Gerold Jung: 58 Dorothee Kern: 34, 51, 68; Labriz Silhouette: 124; laif/hemis.fr./Jean-Pierre Degas: U2-Top12-02, U2-Top12-04, 23; laif/Le Figaro Magazine/Fautre: U2-Top12-12; laif/hemis: 52, 94; laif/Hoa-Qui: 129, 131; laif/Heuer U2-Top12-06, 6, 111, 120; laif/hemis.fr/Ludovic: 122; laif/eyedea/Gilles Martin: U2-Top12-01, 17; laif/Le Figaro Magazine/Massimo Ripani: U2-Top12-11; laif/Vogel: 77; Lemuria Resort of Praslin/Constance Hotels: 2-1, 31, 95, 112; LOOK-foto/Jan Greune: 12, 25, 38, 49, 62, 71; LOOK-foto/Holger Leue: U2-Top12-07; Mare Sports Ltd.: 83; Mauritius images/Peter Czajka: 60; Mauritius images/Mehlig: 116; Mauritius images/IL/Martin Moxter: 78; Mauritius images/Roland Wittek: 105; Harald Mielke: U2-Top12-08, 10, 45; Paradise Consult, Hannover: 32; Pixelio/msommer: 48; Sainte Anne Resort: 5; Seychelles Tourism Marketing: 2-2, 132; Martin Thomas: 14, 37.

Polyglott im Internet: www.polyglott.de

Impressum

Wir freuen uns, dass Sie sich für einen Reiseführer aus dem Polyglott-Programm entschieden haben. Auch wenn alle Informationen aus zuverlässigen Quellen stammen und sorgfältig geprüft sind, lassen sich Fehler nie ganz ausschließen. Wir bitten um Verständnis, dass der Verlag dafür keine Haftung übernehmen kann. Ihre Hinweise und Anregungen sind uns wichtig und helfen uns, die Reiseführer ständig weiter zu verbessern. Bitte schreiben Sie uns:

GVG TRAVEL MEDIA GmbH, ein Unternehmen der GANSKE VERLAGSGRUPPE Redaktion Polyglott, Harvestehuder Weg 41, 20149 Hamburg, redaktion@polyglott.de

Wir wünschen Ihnen eine gelungene Feise!

Herausgeber: GVG TRAVEL MEDIA GmbH
Redaktionsleitung: Grit Müller
Autoren: Martin und Lore Guderjahn und Thomas J. Kinne
Neukonzeption: Thomas J. Kinne
Redaktion: Christian Steinmaßl
Bildredaktion: GVG TRAVEL MEDIA GmbH und Ulrich Reißer
Layout: Ute Weber, Geretsried
Titeldesign-Konzept: Studio Schübel Werbeagentur GmbH, München
Karten und Pläne: Kartografie GVG TRAVEL MEDIA GmbH, Hamburg
Satz: Schulz Bild & Text, Mainz und Ute Weber, Geretsried
Druck und Bindung: Stürtz Mediendienstleistungen, Würzburg

Überarbeitete Auflage
© 2013 GVG TRAVEL MEDIA GmbH, Hamburg
Printed in Germany
Dieses Buch wurde auf chlorfrei gebleichtem Papier gedruckt.
ISBN 978-3-8464-0876-6

Langenscheidt Mini-Dolmetscher Englisch

Allgemeines

Guten Morgen.	Good morning. [gud **mohning**]
Guten Tag. (nachmittags)	Good afternoon. [gud after**nuhn**]
Hallo!	Hello! [häl**loh**]
Wie geht's?	How are you? [hau **ah**‿ju]
Danke, gut.	Fine, thank you. [**fain**, **θänk**‿ju]
Ich heiße ...	My name is ... [mai **nehm**‿is]
Auf Wiedersehen.	Goodbye. [gud**bai**]
Morgen	morning [**mohning**]
Nachmittag	afternoon [after**nuhn**]
Abend	evening [**ihw**ning]
Nacht	night [nait]
morgen	tomorrow [tu**morroh**]
heute	today [tu**deh**]
gestern	yesterday [**jes**terdeh]
Sprechen Sie Deutsch?	Do you speak German? [du‿ju spihk **dsehöh**mən]
Wie bitte?	Pardon? [**pahd**n]
Ich verstehe nicht.	I don't understand. [ai **dohnt** anderst**änd**]
Würden Sie das bitte wiederholen?	Would you repeat that please? [wud‿ju ri**piht** ðät, **plihs**]
bitte	please [**plihs**]
danke	thank you [**θänk**‿ju]
was / wer / welcher	what / who / which [wott / huh / witsch]
wo / wohin	where [wäə]
wie / wie viel	how / how much [hau / hau **matsch**]
wann / wie lange	when / how long [wänn / hau **long**]
warum	why [wai]
Wie heißt das?	What is this called? [**wott**‿is ðis **kohld**]
Wo ist ...?	Where is ...? [**wäər**‿is ...]
Können Sie mir helfen?	Can you help me? [kän‿ju **hälp**‿mi]
ja	yes [jäss]
nein	no [noh]
Entschuldigen Sie.	Excuse me. [iks**kjuhs** miðə]
rechts	on the right [on ðə reit]
links	on the left [on ðə left]
Gibt es hier eine Touristen-information?	Is there a tourist information? [is‿ðər‿ə **tuə**rist infə**mehsch**n]
Haben Sie einen Stadt-plan?	Do you have a city mape? [du‿ju häw‿ə **ßi**ti mäpp]

Shopping

Wo gibt es ...?	Where can I find ...? [wäə kən‿ai **faind** ...]
Wie viel kostet das?	How much is this? [**hau**‿matsch is‿ðis]
Das ist zu teuer.	This is too expensive. [ðis‿is **tuh** iks**pänn**ßiw]
Das gefällt mir (nicht).	I like it. / I don't like it. [ai **laik**‿it / ai **dohnt laik**‿it]
Wo ist eine Bank / ein Geldautomat?	Where is a bank / a cash dispenser? [**wäər**‿is ə‿**bänk** / ‿ə **käsch** disp**änn**ser]
Geben Sie mir 100 g Käse / zwei Kilo ...	Could I have a hundred grams of cheese / two kilograms of ... [kud‿ai häw‿ə **hannd**rəd grämms‿əw **tschihs** / **tuh** kil**ə**grämms‿əw ...]
Haben Sie deutsche Zeitungen?	Do you have German newspapers? [du‿ju häw **dsehöh**mən **njuh**spehpers]

Essen und Trinken

Die Speise-karte, bitte.	The menu please. [ðə **männ**ju plihs]
Brot	bread [bräd]
Kaffee	coffee [**koffi**]
Tee	tea [tih]
mit Milch / Zucker	with milk / sugar [wið‿**milk** / **schugg**er]
Orangensaft	orange juice [**orr**əndseh‿dse**huhs**]
Mehr Kaffee, bitte.	Some more coffee please. [ßəm‿moh **koffi** plihs]
Suppe	soup [ßuhp]
Fisch	fish [fisch]
Fleisch	meat [miht]
Geflügel	poultry [**pohl**tri]
Beilage	sidedish [**ßaidd**isch]
vegetarische Gerichte	vegetarian food [wädsche**täri**ən fud]
Eier	eggs [ägs]
Salat	salad [**ßäl**əd]
Dessert	dessert [di**söht**]
Obst	fruit [fruht]
Eis	ice cream [ais **krihm**]
Wein	wine [wain]
weiß / rot / rosé	white / red / rosé [wait / räd / **roh**seh]
Bier	beer [biə]
Mineralwasser	mineral water [**minnr**əl wohter]
Ich möchte bezahlen.	I would like to pay. [ai‿wud **laik**‿tə peh]